LA PRESENCIA IGNORADA DE DIOS

VIKTOR E. FRANKL

LA PRESENCIA
IGNORADA DE DIOS

PSICOTERAPIA Y RELIGIÓN

Herder

Título original: Der unbewusste Gott
Traducción: J.M. López Castro
Diseño de la cubierta: Herder

© *1974, Kösel-Verlag GmbH & Co., Múnich*
© *1977, Herder Editorial, S.L., Barcelona*

ISBN: 978-84-254-5474-5

Imprenta: Liberdúplex
Depósito legal: B-5.869-2026
Printed in Spain — Impreso en España

Herder
www.herdereditorial.com

A
MI HERMANA

ÍNDICE

PRÓLOGO A LA TERCERA
EDICIÓN ALEMANA

Este libro tiene su origen en una conferencia que hube de pronunciar una vez ante una docena escasa de personas y a la que fui invitado por un círculo de oyentes en el que habían venido a reunirse unos cuantos intelectuales vieneses poco después de la segunda guerra mundial. La conferencia apareció ya en forma de libro en una primera edición de 1948. Ha pasado, pues, un cuarto de siglo desde que esta obra vio la luz por vez primera. Pero al haberse agotado también su segunda edición hace ya mucho tiempo, se urgía últimamente por parte de muchos sectores el lanzamiento de una tercera, y esto no sólo en Norteamérica, donde se prepara actualmente una edición en inglés, sino también en Europa, donde ya va a publicarse este año una traducción francesa (se hallan asimismo en trámite ediciones en japonés, español, sueco y holandés).

No obstante, sólo con reticencia he accedido a la propuesta que me hizo la editorial Kösel de publicar esta nueva edición, ya que, precisamente en vista de todo ese tiempo transcurrido, me parecía claro no poder ya mantener en todos sus detalles las teorías defendidas en la primera redacción de la obra. «¿O es que acaso habré de avergonzarme de que en todo este tiempo mis concepciones hayan evolucionado?», pregunto en el prólogo a la edición inglesa.

A decir verdad, las modificaciones que he introducido en el texto son insignificantes, pero, en mi opinión, entre mis libros, *La presencia ignorada de Dios* ha sido el que ha sufrido arreglos y cambios más sustanciales, y hubiera sido una lástima dar cabida en el texto mismo a todas estas añadiduras destruyendo así sus propios rasgos sistemáticos. Por ello he adoptado una alternativa que me sugirió el lectorado de la editorial y que consiste en seleccionar, a partir de una serie de mis propias publicaciones posteriores, y reunir en forma de suplemento todo el material tocante a los puntos temáticos esenciales de *La presencia ignorada de Dios*.

Pero no solamente, por lo que respecta al estado actual de sus resultados, la logoterapia no ha de juzgarse única y exclusivamente a partir de *La presencia ignorada de Dios*, sino también en relación a toda su envergadura propia.

A este respecto, la bibliografía relativamente abundante podrá sin duda remitir al lector no sólo a aquellas obras que se ocupan de la aplicación de la logoterapia en el campo teológico-psicoterapéutico, sino también a los escritos que tratan de su utilización clínica y abordan cuestiones de técnica terapéutica, así como otras, por ejemplo la teoría de la motivación en la logoterapia (su doctrina de la «voluntad de sentido»), teoría validada también empíricamente en tiempos recientes, y el tema, cada vez más en boga hoy en día, del sentimiento de «carencia de sentido». Ante la neurosis de masas, que se propaga con ritmo creciente en nuestros días, nadie que sea sincero y tome en serio la psicoterapia puede hoy como antes (hoy como hace veinticinco años) eludir su confrontación con la teología.

Viena – San Diego, California

VIKTOR E. FRANKL

I

LA ESENCIA DEL ANÁLISIS EXISTENCIAL

Ecce labia mea non cohibui

De Arthur Schnitzler nos ha llegado un dicho según el cual sólo existen propiamente tres virtudes: objetividad, audacia, sentido de responsabilidad. No menos interesante se nos antoja el atribuir dichas virtudes respectivamente a cada una de las tres escuelas psicoterapéuticas que nacieron y crecieron en suelo vienés.

Cae de su peso que la psicología individual de Alfred Adler se alinea sin dificultad con la virtud audacia. Con todo, tal psicología no ve a fin de cuentas en el conjunto de su método terapéutico otra cosa que un intento de alentar al paciente, y ello con objeto de que éste llegue a superar su sentimiento de inferioridad, que esta escuela tiene por preponderantemente, si no del todo, patógeno.

Del mismo modo puede también atribuirse al psicoanálisis una de las citadas virtudes, a saber, la objetividad. Porque ¿qué otra virtud puso a Sigmund Freud en condiciones de mirar, como Edipo, a los ojos de la esfinge (del alma) y descifrar su enigma, a riesgo de percibir algo doloroso y desagradable en grado sumo? En su tiempo era esto algo exorbitante, y exorbitantes fueron en consecuencia sus logros. Hasta entonces la psicología, en especial la llamada psicología escolástica, había rehuido todo aquello de lo que precisamente Freud hizo el centro de su enseñanza; de la misma manera que el anatomista Julius Tandler solía calificar en broma la somatología, tal como se enseñaba en las escuelas secundarias, de «anatomía con exclusión del aparato genital», así también Freud hubiera podido afirmar que la psicología enseñada en la universidad era una psicología «con exclusión de lo libidinoso». Pero el psicoanálisis no sólo ha rendido homenaje a la objetividad; también ha sido su víctima: La objetividad acabó por convertirse en «objetivación», objetivación de eso que llamamos la persona. El psicoanálisis contempla al hombre como dominado por «mecanismos», y en su óptica el médico se presenta como quien sabe manejar dichos mecanismos, es decir, como quien domina la técnica para volverlos a poner en orden tan pronto se desarreglan.

¡Qué cinismo se oculta tras este concepto de la psicoterapia como técnica, como psicotécnica! ¿O acaso no es esto como si sólo pudiéramos introducir al médico en calidad de técnico después de haber considerado al paciente, al hombre enfermo, como una especie de máquina? Sólo un «hombre máquina» tiene necesidad de un «médico técnico».

¿Cómo ha podido llegar el psicoanálisis a tal concepción técnico-mecanicista? Como ya lo hemos indicado, solamente es comprensible esta doctrina si se tiene en cuenta la época histórica de la que es producto; mas no únicamente ella, sino también su medio ambiente social, un ambiente impregnado de esa típica mojigatería que los franceses llaman *pruderie*. Contra todo esto el psicoanálisis vino a ser una reacción; reacción, a decir verdad, que hoy ya, al menos en determinados aspectos, puede considerarse superada y... reaccionaria. Pero Freud no solamente reaccionó contra su tiempo, sino que también accionó, es decir actuó en una línea definida: Al establecer su doctrina, se hallaba totalmente bajo el influjo de la psicología asociacionista, que entonces empezaba a ponerse de moda y más tarde llegaría a ser una corriente dominante. Dicha psicología era a su vez producto del naturalismo, ese fenómeno ideológico que invadió la segunda mitad del siglo XIX. Esto se pone de manifiesto, quizá de la manera más clara, en los dos ejes fundamentales de la doctrina psicoanalítica: en su atomismo psicológico y en su energética[1].

El todo que constituye el alma humana es visto atomísticamente dentro del psicoanálisis, al concebirse como compuesto por partes individuales, los diversos impulsos, que a su vez están formados por impulsos parciales o componentes impulsivos. De esta manera lo anímico o psíquico no solo se atomiza, sino que finalmente se anatomiza: El análisis de lo psíquico se transforma así poco a poco en su anatomía.

Empero con este procedimiento el alma, la persona humana, la totalidad que ello implica, queda de alguna manera perturbada: El psicoanálisis en definitiva despersonaliza al hombre; cierto, no sin personificar (es decir, convertir en entidades pseudopersonales independientes y arbitrarias) cada una de las instancias dentro del conjunto de la trama anímica, como por ejemplo lo

---

1. Es cierto que el psicoanálisis concede ya en la actualidad que existe en el yo una zona no conflictiva (Heinz Hartmann); pero no se ve por qué haya que alabarlo por el hecho de reconocer una cosa que ya era bien familiar a los no psicoanalistas, simplemente porque estos no lo habían negado nunca, como lo hicieron los corifeos del psicoanálisis. En una palabra, no se ve por que el psicoanálisis ha de llevarse medallas como premio al valor sólo por combatir para cubrirse la retirada.

que llamarnos el «ello» o los «complejos» de asociación; y decimos personificar por no decir: demonificar[2].

De este modo el psicoanálisis destruye la persona humana, que es unitario-totalitaria, para finalmente verse enfrentado a la tarea de tenerla que reconstruir de nuevo a partir de piezas mal ajustadas. Esto se aprecia con toda claridad en esa teoría psicoanalítica según la cual el yo es concebido como un montaje o compuesto de los «impulsos del yo». Así, lo que reprime dichos impulsos, lo que ejerce una censura sobre ellos, no puede ser en sí mismo a fin de cuentas otra cosa que impulsividad. Ahora bien, esto es como si dijéramos que un constructor, que ha hecho un edificio con ladrillos, se compone él mismo también de ladrillos. Ya vemos aquí, precisamente en esta comparación que se impone por su propio peso, lo genuinamente materialista (es decir, que busca algo material o lo trata como tal, no que sea «materialístico») que es el modo de pensar psicoanalítico. Ya que sólo esto es también, en última instancia, la base de su atomismo.

Pero decíamos que el psicoanálisis no era solamente atomístico, sino también energético. De hecho opera

---

2. En este respecto va el psicoanálisis tan lejos que, para decirlo con Boss, construye la hipótesis, o mejor la hipóstasis, «de una instancia yo o ello, una instancia del inconsciente o de un super yo», y que «en el fondo utiliza la antigua técnica de los cuentos para niños». En efecto, también estos últimos suelen aislar los tipos de comportamiento materno deseados y queridos por el niño de sus otras posibilidades, transformándolos en imagen de una instancia independiente al condensarlos en la figura de un hada buena; en cambio los aspectos desagradables, aquellos de los que el niño nada quiere saber, los que teme, vienen personificados en la idea de una bruja. Si tan poca justificación puede haber para creer en estas figuras fabulosas, no parece probable que las citadas imágenes o representaciones psicológicas puedan mantenerse por mucho tiempo en el futuro («Schweizerische Zeitschrift für Psychologie und ihre Anwendungen», 19 1960, 299).

constantemente con conceptos de energética de impulsos[3] y dinámica afectiva. Los impulsos o en su caso los componentes impulsivos se traducen, según el psicoanálisis, en algo así como un paralelogramo de fuerzas. Ahora bien ¿cuál es el objeto de estas fuerzas? La respuesta es: el yo. De modo que el yo no es en definitiva, desde el punto de vista psicoanalítico, sino un juguete de los impulsos, o como el propio Freud lo expresó una vez: El yo no es señor en su propia casa.

De esta manera vemos cómo lo psíquico no sólo se reduce genéticamente a la impulsividad, sino cómo viene también determinado causalmente a partir de dicha impulsividad, ambas cosas tomadas en un sentido totalitario. El ser humano es interpretado por el psicoanálisis ya a priori como ser impulsado. Y ésta es también la última razón por la que el yo humano ha de reconstruirse al fin y al cabo a partir de impulsos.

A tenor de esta concepción atomizante, energética y mecanística[4], el psicoanálisis no ve finalmente en el hombre sino el automatismo de un aparato anímico.

Aquí es donde viene a insertarse el análisis existencial. A la concepción psicoanalítica opone otra distinta: En lugar del automatismo de un aparato psíquico

---

3. Cf. SIGMUND FREUD. *Drei Abhandlungen zur Sexualtheorie,* Viena 1946, p. 108: «La producción de excitación sexual ...suministra una cantidad de energía que en gran parte será utilizada para fines no sexuales, por ejemplo... (mediando una represión...) para levantar posteriormente barreras sexuales». O en la p. 92: «Vemos, pues, que (la libido) se concentra en objetos, se fija en ellos, o por el contrario los abandona, pasa de esos objetos a otros y, a partir de estas posiciones, dirige el comportamiento sexual del individuo» (versión castellana: *Tres ensayos sobre teoría sexual,* Alianza, Madrid 1972).

4. En resumidas cuentas fue el propio FREUD quien calificó a los psicoanalistas de «incorregibles mecánicos y materialistas» *Schriften,* edición londinense XVII, 29; trad. castellana: *Obras completas,* Biblioteca nueva, Madrid ³1967.

el análisis existencial ve en el hombre la autonomía de una existencia espiritual. Y henos aquí de nuevo en nuestro punto de partida: las tres virtudes de Schnitzler. En efecto, de la misma manera que hemos atribuido al psicoanálisis la virtud de la objetividad y a la psicología individual la de la audacia, podemos razonablemente afirmar ahora que al análisis existencial corresponde la virtud que hemos llamado «sentido de responsabilidad». El análisis existencial entiende efectivamente en lo más profundo el ser humano como ser responsable, y se entiende a sí mismo como «análisis referido al ser responsable»; precisamente en el momento en que tuvimos que crear el concepto de análisis existencial, cuya necesidad se nos imponía (1934), se nos presentaba disponible para este «ser responsable», que colocábamos en el centro del existir humano, un término utilizado ya por la filosofía contemporánea para designar este característico y singular modo de ser del hombre: la palabra «existencia».

Si quisiéramos, describiéndolo en pocas palabras, echar una ojeada retrospectiva al camino recorrido por el análisis existencial hasta llegar a hacer del ser responsable el rasgo esencial del ser hombre, tendríamos que partir de aquella inversión de la que ya nos vimos obligados a tratar al interrogarnos por el sentido de la existencia[5]: allí nos esforzábamos por poner de manifiesto el carácter problemático de la vida, pero con éste al mismo tiempo también el carácter de respuesta de la existencia, no es el hombre, explicábamos, quien ha de plantearse la pregunta por el sentido de la vida, sino que más bien sucede al revés: el interrogado es el propio hombre; a él mismo toca dar la respuesta; él es quien ha

---

5. Cf. mi libro: *Ärztliche Seelsorge*, [8]1971, p. 68.

de responder a las preguntas que eventualmente le vaya formulando su propia vida; sólo que dicha respuesta será siempre una respuesta objetivada en los hechos: solamente en la acción, en el actuar, pueden encontrar respuesta verdadera las «preguntas vitales»; esta respuesta se da en la responsabilidad asumida en cada caso por nuestro ser. Más aún, el ser sólo puede ser «nuestro» en cuanto es un ser responsabilizado.

Ahora bien, la responsabilidad de nuestro ser no lo es solamente «en la acción», sino que tiene también que serlo forzosamente «en el aquí y ahora», en la concreción de esta o aquella persona y de esta o aquella situación suya en cada caso. Para nosotros, pues, esta responsabilidad del ser es siempre una responsabilidad *ad personam* y también *ad situationem.*

Al pretender el análisis existencial ser un método psicoterapéutico, se dirige de manera especial al modo de ser neurótico, y ello como a algo deteriorado o quebrantado: algo caído víctima de la neurosis. Su meta última será, pues, hacer al hombre (aquí concretamente al neurótico) consciente de su ser responsable, o también traer a su conciencia el tener responsabilidad propio del ser.

Aquí hemos de hacer un alto en el camino. Porque, en efecto, en este punto se pone en evidencia que también en el análisis existencial hay algo que se vuelve o ha de ser hecho consciente. ¿Significa esto entonces, según todas las apariencias, que los empeños del análisis existencial tienden a algo del todo análogo a los del psicoanálisis? No exactamente, puesto que en el psicoanálisis viene a hacerse consciente, o a traerse a la conciencia, lo impulsivo, mientras que en el análisis existencial es hecho consciente un elemento esencialmente distinto de lo impulsivo, a saber, lo espiritual. Hemos de afirmarlo, el ser responsable o, en su caso, el tener responsabilidad es la base fundamental del ser hombre en cuanto que constituye un algo espiritual, y no meramente impulsivo; el análisis existencial tiene por objeto el ser hombre precisamente no como ser impulsado, sino como ser responsable; dicho de otro modo, la existencia (¡espiritual!).

Así pues, lo que aquí, en el análisis existencial, se me hace a mí consciente no es un algo impulsivo, relativo al ello, sino mi propio yo; el ello no se hace consciente al yo, sino que más bien es el yo quien se hace consciente a sí mismo: viene a tener conciencia de sí mismo, viene... a sí mismo.

II

EL INCONSCIENTE ESPIRITUAL

Nuestras disquisiciones en el capítulo anterior han corregido esencialmente la idea que hasta aquí se tenía del alcance y contorno del inconsciente. Por ello, al querer delimitar el concepto de «inconsciente», nos creemos obligados a emprender algo así como una revisión de fronteras: no se trata ya de un mero inconsciente impulsivo, sino también de un inconsciente espiritual; el inconsciente no se compone únicamente de elementos impulsivos, tiene asimismo un elemento espiritual; el contenido del inconsciente aparece así fundamentalmente ampliado, y el inconsciente mismo clasificado en impulsividad inconsciente y espiritualidad inconsciente.

Tras haber intentado con la logoterapia –así llamada por nosotros al considerarla como una «psicoterapia a partir de lo espiritual» y un complemento necesario a la psicoterapia tradicional en un sentido más estricto de la palabra– introducir en la práctica médica el concepto de lo espiritual como un campo de actividad esencialmente distinto e independiente de la esfera de lo psíquico *sensu strictiori,* nos vemos ahora en la necesidad de englobar lo espiritual dentro también del inconsciente, lo que precisamente llamamos el inconsciente espiritual.

De esta manera llegamos ni más ni menos que a una especie de rehabilitación del inconsciente... lo que en sí no es un hecho enteramente nuevo. Hace ya mucho tiempo, en efecto, que en la literatura especializada se venía hablando de algo así como las «fuerzas creadoras» del inconsciente, o de la tendencia «prospectiva» de este último. Pero, como aún lo hemos de ver, todavía no se había llevado a cabo la división nítida, tan necesaria, de que hablábamos: división o, si se prefiere, confrontación de lo impulsivo y lo espiritual dentro del inconsciente.

En todo caso, Freud sólo vio en el inconsciente la impulsividad inconsciente; para él el inconsciente era ante todo un almacén de impulsividad reprimida. En realidad, sin embargo, no sólo existe lo impulsivo inconsciente, sino también lo espiritual; más aún, como trataremos de explicarlo, lo espiritual, o sea la existencia, es algo tan forzoso, y por ende tan necesario, por ser esencialmente inconsciente: En cierto sentido la existencia es siempre irrefleja, sencillamente porque es irreflexionable.

Una vez establecido que puede haber un elemento inconsciente tanto impulsivo como espiritual o, de otro modo, que lo espiritual puede ser tanto consciente como inconsciente, hemos de preguntarnos ahora hasta qué punto son nítidas las líneas de demarcación en esta doble frontera. Vemos en primer lugar que la frontera entre consciente e inconsciente es sumamente vaga o, por decirlo así, porosa: de una parte a otra se pasa con mucha frecuencia. Por lo que a nosotros toca, sólo hemos de atenernos a la realidad de aquello que desde el psicoanálisis y en este último se designa como represión: En el acto de la represión algo consciente es hecho inconsciente, y viceversa, al cesar la represión algo inconsciente vuelve a hacerse consciente. Esto nos sitúa ahora, después de haber sido confrontados con el hecho de la «rehabilitación del inconsciente», ante un nuevo hecho, a saber, el de una relativización del estado de conciencia: tal conciencia no puede ya tenerse por criterio fundamental.

Mientras la frontera entre lo consciente y lo inconsciente se nos presenta «porosa», como lo acabamos de apreciar, será poco en cambio todo cuanto digamos de la neta línea divisoria que separa lo espiritual de lo impulsivo. Nadie mejor que M. Boss ha sabido caracterizar en pocas palabras tal estado de cosas, al afirmar este autor que «impulso y espíritu» son «fenómenos inconmensurables». Ahora bien, puesto que, como ya sabemos, el ser hombre –propiamente– representa un ser espiritual, es evidente que la distinción entre consciente e inconsciente no puede servirnos de criterio, no ya sólo relativo, sino de cualquier manera que sea, respecto del ser humano; dicha distinción no nos proporciona un verdadero criterio, al no constituir un criterio cualitativo de propiedad (cualidad de ser propio, distinto de otro ser). Este criterio de propiedad lo tenemos solamente en el acto de decidir si algo en el hombre pertenece a su espiritualidad o a su impulsividad, sin que importe nada que sea consciente o inconsciente.

En efecto, el verdadero y propio ser hombre es precisamente –muy al contrario del concepto psicoanalítico– un no ser impulsado; se trata más bien, para decirlo con Jaspers, de un ser que decide o, un poco en el sentido de Heidegger y también de Binswanger, de un «ser ahí»; en el sentido analítico-existencial que nosotros le damos es un «ser responsable»: ser existencial.

El hombre puede muy bien, por tanto, ser él mismo o ser propiamente, aun en el terreno donde no es consciente; pero por otra parte sólo puede serlo allí donde no es impulsado, sino responsable. El ser hombre propiamente comienza por tanto allí donde deja de existir el ser impulsado, para a su vez cesar cuando cesa el ser responsable. Se da allí donde el hombre no es impulsado por un ello, sino que hay un yo que decide.

Ahora podemos comprender cómo el psicoanálisis ha llegado a cosificar o, más exactamente, a «elloificar» –y consiguientemente también a «desyoificar»– el ser humano.

Hemos afirmado antes que será poco cuanto digamos sobre la nitidez de la frontera que separa lo espiritual, como lo propio del hombre, de lo impulsivo; de hecho vemos en cierto modo en ella un hiato ontológico, que divide uno de otro dos campos fundamentalmente distintos dentro de la total estructura de esa entidad que llamamos hombre: por un lado la existencia misma, por otro lado aquello que pertenece a la facticidad. Mientras la existencia, como sabemos, es algo esencialmente espiritual, la facticidad se compone tanto de elementos psicológicos como fisiológicos; contiene hechos tanto anímicos como corporales. Y mientras la frontera entre existencia y facticidad, precisamente ese hiato de que hablamos, constituye una línea divisoria absolutamente rigurosa, dentro en cambio de la facticidad no se da tan fácilmente una frontera semejante entre lo psíquico y lo físico. Quien en calidad de médico haya intentado alguna vez aclarar por ejemplo una neurosis vegetativa en la diversidad de su estructura, sabrá exactamente lo difícil que es separar aquí lo que pudiera ser (primariamente) psicógeno de lo fisiógeno.

Con todo esto resulta evidente que, tras haber relativizado la conciencia o inconsciencia como criterios de propiedad (de ser propio), nos topamos ahora con una segunda relativización: El antiguo problema psicofísico (por cierto no liquidado, sino siempre actual) aparece ahora como un problema totalmente relativizado en cuanto a su importancia, al ser relegado a un segundo plano; ahora, en efecto, es un problema secundario frente al muchísimo más importante que se ofrece de aquí en adelante a nuestra consideración, a saber, el problema «de la existencia espiritual frente a la facticidad psicofísica». Este problema no es solamente de una mayor dignidad ontológica, sino también de una más exquisita relevancia terapéutica. Efectivamente en la psicoterapia se trata en todo momento de movilizar y hacer valer una y otra vez la existencia espiritual, precisamente en el sentido de un estado de responsabilidad libre que nos ponga dicha existencia ante los ojos, contraponiéndola así a la condicionalidad, sólo en apariencia tan fatal, de la facticidad psicofísica. Frente a esta facticidad es menester, pues, despertar la conciencia de libertad, de esa libertad y responsabilidad que constituyen lo propio del ser hombre.

En todo este nuestro trazado de fronteras ontológicas no hemos tenido en cuenta todavía que el ser humano no es solamente un «ser que decide», sino también un «ser separado». Ser hombre no es pues otra cosa que ser individuo, existir como individuo. Ahora bien, como tal ¿se halla siempre centrado, centrado respecto a un medio, un centro propio de cada individuo? ¿Y qué hay en este centro suyo? ¿qué es lo que lo llena? Recordemos la manera en que Max Scheler define la persona: La concibe como portadora o soporte, pero también como centro de actos espirituales. Si bien la persona es aquello de que proceden los actos espirituales, también es el centro espiritual en torno al cual se agrupa todo lo psicofísico. Después de centrar así el ser humano podemos ya, en lugar de hablar como antes de existencia espiritual y facticidad psicofísica, aludir ahora a la persona espiritual y «su» elemento psicofísico. Aquí no queremos pasar por alto el «su» de nuestra formulación, con el que damos a entender que la persona «tiene» un elemento o un algo psicofísico, mientras que ella misma «es» un algo espiritual. En realidad, si yo hablara seriamente, de ningún modo podría decir «mi persona», ya que no «tengo» una persona, sino que eso que llamo mi persona «soy» yo; propiamente tampoco puedo decir: «mi yo», puesto que yo *soy* yo en efecto, pero no tengo un yo... A lo más podré tener un ello, precisamente en el sentido de mi facticidad psicofísica.

Ahora bien, por el hecho de que el ser hombre esté centrado en una u otra persona determinada (como centro espiritual-existencial), por este mismo hecho, decimos, y sólo a partir de él el ser humano es también un ser integrado: sólo la persona espiritual viene a fundar la unidad y totalidad del ente humano. Y la funda como totalidad corpóreo-anímico-espiritual. Nunca podremos insistir demasiado en que esta triple totalidad es lo que constituye el hombre entero. Así pues, de ningún modo está justificado hablar del hombre, lo que sucede con harta frecuencia, como de una «totalidad corpóreo-anímica»: cuerpo y alma pueden muy bien formar una unidad, por ejemplo la unidad psicofísica, pero nunca jamás podría dicha unidad representar la totalidad humana. A esta totalidad, al hombre entero, pertenece también lo espiritual, y le pertenece incluso como lo más propio suyo. De aquí se desprende que mientras se hable únicamente de cuerpo y alma, *eo ipso* no se está hablando de totalidad.

Con lo dicho respecto a la estructura ontológica del ser humano hemos dado preferencia a una conformación estratificada más que a una escalonada, es decir, que en vez de una especie de escalonamiento vertical («inconscientepreconsciente-consciente) ponemos estratos concéntricos. Ahora podemos hacer algo más. Podemos combinar la imagen estratificada con la imagen escalonada de manera que tengamos de ella como una proyección, como el plano, por así decirlo, de toda una construcción tridimensional. Para ello tenemos simplemente que concebir el núcleo de la persona –en cuanto dicho núcleo constituye el centro espiritual-existencial en torno al que se agrupan lo psíquico y lo físico en sendas capas periféricas– como una cosa alargada; en lugar de hablar de un núcleo deberíamos hablar de un eje de la persona, un eje que, junto con las capas psicofísicas que lo rodean, va atravesando el consciente, el preconsciente y el inconsciente. Este modo de ver las cosas nos daría finalmente una imagen más o menos utilizable, más o menos idónea, de la verdadera realidad, a saber, que tanto dentro del eje personal como en las capas psicofísicas cualquier manifestación aislada puede tener lugar ya en el plano consciente, ya en el preconsciente o inconsciente.

Si los conceptos aquí vertidos en el contexto de un modo de proceder analítico se referían a una «psicología profunda», nos será preciso rectificar en adelante esta última noción. Hasta el presente la psicología profunda propiamente sólo se había ocupado de seguir las huellas de la impulsividad humana en *su* profundidad inconsciente, pero muy poco de investigar la espiritualidad del hombre, de seguir los pasos de la persona humana asimismo en su profundidad inconsciente; dicho de otra manera, la psicología profunda era, por lo menos en cierto grado, una psicología del ello inconsciente, y no una psicología del yo inconsciente[1]. De este modo el ob-

---

1. Véase también la nota 1 del capítulo I.

jeto de su investigación no era otra cosa que la *llamada* persona profunda (en el sentido de la facticidad psicofísica), descuidando en cambio la persona *propiamente dicha* (centro de la existencia espiritual).

Sin embargo, como ahora ya sabemos, también y sobre todo esta persona espiritual-existencial, este yo y en modo alguno solamente el ello, tiene una profundidad inconsciente; a decir verdad, siempre que aludimos a la «persona profunda» podríamos con todo derecho referimos únicamente a esta persona espiritual-existencial, a su profundidad inconsciente, ya que sólo ella es una verdadera *persona* profunda. Porque en efecto, dejémoslo bien sentido, lo que en sentido tradicional se entiende por persona profunda nada tiene que ver con un modo de ser personal, sino que ya de buenas a primeras representa un ser como si dijéramos «criaturístico», es decir, un algo que no atribuimos a la existencia, sino a la facticidad, y que tendríamos que incluir dentro de lo psicofísico, no dentro de lo espiritual. La expresión «persona profunda», tomada en el sentido que ordinariamente suele dársele, no significa ni mucho menos lo espiritual-existencial, o sea lo propio del ser hombre, sino que *ex definitione* más bien se entiende por ello algo totalmente vegetativo o, en el mejor de los casos, propio del animal, que está «en» o como «pegado» al hombre.

Sin embargo, como ya se ha indicado, la verdadera persona profunda, es decir, lo espiritual-existencial en su dimensión profunda, es siempre inconsciente. La persona profunda por tanto no es algo que pudiéramos considerar, por ejemplo, como meramente facultativo, sino que por fuerza ha de ser inconsciente. Esto es debido a que la ejecución espiritual de los actos, y consiguientemente la entidad personal como centro espiritual de dichos actos, es propiamente una pura «realidad de ejecución»; en la ejecución de sus actos espirituales la persona queda de tal modo absorbida que deja por completo de ser reflexionable en su verdadera esencia, es decir, que de ninguna manera puede aparecer en la reflexión. En este sentido la existencia espiritual, el yo propio y autentico o, por decirlo así, el yo «en sí mismo», es irreflexionable y en consecuencia solamente ejecutable, sólo «existente» en sus realizaciones o, dicho de otro modo, como «realidad de ejecución». La existencia propiamente dicha es por consiguiente irrefleja al ser irreflexionable, y por ello en último término tampoco puede ser objcto de análisis. De hecho, cuando utilizamos la expresión «análisis existencial», jamás queremos decir análisis *de la* existencia, sino, como ya lo hemos definido, «análisis *sobre* la existencia». La existencia misma sigue siendo un fenómeno primario e irreductible. Asimismo cada uno de sus aspectos elementales, como la conciencia y responsabilidad (ser consciente y ser responsable) a que antes hemos aludido, constituye un estado fenomenológico primario del mismo tipo. Como se pondrá especialmente de manifiesto al tratar del fenómeno de la conciencia, esta clase de fenómenos primarios o elementales no tolera ulteriores reducciones, o mejor expresado, dentro de lo óntico tales fenómenos son irreductibles. Su esclarecimiento no resulta del proceso de reducirlos en el seno de lo óntico, sino de que trascendamos a lo ontológico. Tanto el ser consciente como el ser responsable son y siguen siendo problemas irresolubles en el plano de una reflexión psicológica inmanente; pero tan pronto como los pasamos al plano ontológico cesan inmediatamente de ser tales problemas: allí se convierten precisamente en fenómenos primarios, propios del ser humano como caracteres existenciarios suyos, como los dos atributos principales que pertenecen al ser existencial cada uno como un «algo contenido en él».

Retengamos pues este hecho: La persona profunda, y en concreto la persona profunda espiritual, es decir, esa persona profunda que únicamente merece ser llamada así en el verdadero sentido de la palabra, es irrefleja por ser irreflexionable, y en este orden de cosas puede también llamarse inconsciente. Así pues, mientras la persona espiritual puede fundamentalmente ser tanto consciente como inconsciente, debemos decir que la persona espiritual profunda es forzosamente inconsciente, y por tanto no, por ejemplo, meramente facultativa; en otras palabras: en su profundidad, «en el fondo», lo espiritual es necesario por ser inconsciente.

De todo ello se desprende no menos que este hecho: Justamente el centro del ser humano (la persona) es inconsciente en su profundidad (la persona profunda). Dicho en otros términos, el espíritu es, precisamente en su origen, espíritu inconsciente.

Por ilustrar lo que acabamos de decir con un ejemplo, podríamos compararlo con lo que sucede en el ojo. De la misma manera que en el lugar de origen de la retina, o sea en el lugar de entrada del nervio óptico, la retina tiene su «punto ciego», así también el espíritu, precisamente allí donde tiene su origen, es ciego a toda autocontemplación y autorreflexión; allí donde es enteramente primordial, totalmente «él mismo», es inconsciente de sí mismo. Y a él podríamos aplicar lo que leemos en los antiguos Vedas indios: «Ve y no puede ser visto, oye y no puede ser oído, piensa y no puede ser pensado».

Pero no sólo en su origen, no sólo en lo primero el espíritu es inconsciente, sino también en lo último, «en última instancia»; no sólo es inconsciente en lo más profundo» sino también en lo más alto: la instancia suprema, la que, como si dijéramos, tiene que decidir entre conciencia e inconsciencia, es ella misma inconsciente. A este respecto bástenos recordar que en el sueño existe un estado llamado sueño parcial o semivigilia como instancia que vigila si el durmiente, el hombre que sueña, ha de despertarse o puede seguir durmiendo. Esta semivigilia es la que hace que la madre se despierte inmediatamente al menor disturbio en el ritmo respiratorio de su hijito, mientras permanece del todo indiferente a ruidos mucho más fuertes que provienen de la calle. El mismo estado de semivigilia se hace igualmente sentir en la hipnosis: también aquí despierta la persona sometida en cuanto sucede en torno a ella o con ella algo que en el fondo de sí misma no quiere; sólo en la narcosis, a partir de cierto grado, se silencia esta instancia, es decir, que la semivigilia se queda ella misma dormida. Empero por otra parte podemos siempre decir que esa instancia que regula el dormir y el despertar no duerme, sino que vela, aunque, por supuesto, sólo en cuanto permanece vigilante; en efecto, como vigila durante los sueños un algo en el hombre lo vigila, vela sobre él, pero solamente como si ese algo estuviera despierto: dicha instancia sólo es por tanto casi consciente; sólo en cierta manera conoce lo que sucede alrededor del durmiente, pero no puede hablarse de una verdadera conciencia.

La instancia que decide si algo se vuelve consciente o permanece inconsciente funciona, pues, ella misma inconscientemente. Pero para decidir es preciso que pueda de alguna manera diferenciar. Ahora bien, ambas cosas, decidir como diferenciar, sólo son posibles a un algo espiritual. Y en este sentido vuelve a ponerse en evidencia (¡y en qué medida!) que lo espiritual no sólo puede ser inconsciente, sino que también, tanto en su última instancia como en su origen, tiene que ser inconsciente.

III

ANÁLISIS EXISTENCIAL
DE LA CONCIENCIA

Para explicar con la mayor precisión posible eso que primero caracterizábamos como el «inconsciente espiritual» y que luego hemos contrapuesto netamente al inconsciente impulsivo, vamos ahora a utilizar en nuestras disquisiciones, a manera de modelo, el fenómeno «conciencia». Esta última, en efecto, pertenece incondicional y categóricamente al ser humano de acuerdo con lo que antes hemos dicho sobre el ser responsable como fenómeno primario. Todas las conclusiones a que ya antes hemos intentado llegar mediante un procedimiento deductivo deberían aquí, al tratarse del fenómeno de la conciencia, hacerse patentes inductivamente o, por mejor decirlo, fenomenológicamente. De hecho sucede también ahora que lo que llamamos conciencia alcanza una profundidad inconsciente, un fondo inconsciente que es donde tiene su origen; precisamente las grandes y auténticas (existencialmente auténticas) decisiones del ser humano como «existente» son siempre enteramente irreflejas y por ello también inconscientes. En su origen, pues, la conciencia se halla inmersa en el inconsciente.

En este sentido la conciencia ha de ser también calificada de irracional; es alógica o, mejor aún, prelógica.

Efectivamente, del mismo modo que existe una comprensión o inteligencia precientífica del ser y, previa todavía a esta última, una inteligencia prelógica, hay también una inteligencia premoral de los valores, asimismo fundamentalmente previa a toda moral explícita: precisamente la conciencia.

Ahora bien, la conciencia es irracional porque, al menos en su inmediata realidad de ejecución, nunca es totalmente racionalizable; esto sólo puede darse en una etapa posterior, la conciencia sólo es capaz de descubrirse a una «racionalización secundaria». Así, todo «examen de conciencia» es únicamente concebible como algo que sucede después; por lo demás, también el fallo de la conciencia es en última instancia inescrutable.

Si nos preguntáramos a continuación por qué la conciencia actúa necesariamente de modo irracional, tendríamos que reflexionar sobre el hecho siguiente: A la conciencia (*Bewußtsein*) ontológica se descubre un ser que es (*Seiendes*), a la conciencia (*Gewissen*) ética, en cambio, no un ser que es, sino más bien un ser que todavía no es, es decir, un ser que debe ser (*Seinsollendes*). Este ser que debe ser no es por consiguiente nada real, sino algo que primero ha de hacerse real; no es real, sino meramente posible (sin perjuicio, desde luego, de que esta pura posibilidad pudiera, en un sentido más amplio, constituir de nuevo una necesidad). Dado, pues, que lo que nos descubre la conciencia es algo que está por hacerse real, que ha de realizarse previamente, surge en seguida la cuestión de cómo se hará real si no es de alguna manera anticipado espiritualmente. Ahora bien, este anticiparse, esta anticipación espiritual, se da en lo que llamamos intuición: La anticipación espiritual ocurre en un acto de «visión».

Así pues, la conciencia se revela como una función esencialmente intuitiva. Para anticipar lo que ha de realizarse, la conciencia debe primero intuirlo; y en este sentido la conciencia ética es de hecho irracional y sólo en segundo término racionalizable. Pero ¿acaso no conocemos ya un caso análogo? ¿No es también el *eros* irracional, y por ende intuitivo? En realidad también el amor intuye; también él percibe un ser que todavía no es, pero no, como la conciencia, un «ser que debe ser», sino que ese ser que todavía no es que descubre el amor es solamente un «ser que puede ser» (*Sein-könnendes*). Es decir que el amor contempla y descubre posibles valores en el tú amado. También él, por consiguiente, anticipa algo en su visión espiritual, a saber, lo que un hombre concreto (la persona amada) puede encerrar en sí mismo en cuanto a posibilidades personales aún no realizadas.

Mas la conciencia y el amor no sólo se parecen en el hecho de que tanto la una como el otro tratan con meras posibilidades y no con realidades; no es esto únicamente lo que ya de antemano nos proporciona la evidencia de que ambos sólo pueden moverse por caminos intuitivos. Más bien hay una segunda razón de su modo de actuar necesario –por ser esencialmente intuitivo–, irracional y consiguientemente nunca tampoco del todo racionalizable: ambos, tanto la conciencia como el amor, sólo tienen que ver con el ser absolutamente individual.

La misión de la conciencia es, en efecto, descubrir al hombre «lo uno necesario». Ahora bien, este «uno» es siempre en cada caso «único». Se trata de esa única y exclusiva posibilidad de una persona concreta en su situación concreta, posibilidad que de alguna manera Max Scheler trató de designar con el concepto «valores de situación (*Situationswerte*). Es, pues, un algo absolutamente individual, un «deber ser» individual que no puede ser abarcado por ninguna ley general, por ninguna «ley moral» (por ejemplo en el sentido del imperativo kantiano formulada en términos universales, sino que es prescrito precisamente por una «ley individual» (Georg Simmel); en ningún caso es cognoscible racionalmente, sino sólo intuitivamente. Y esta función intuitiva es de hecho la que corresponde a la conciencia.

Siendo así que la conciencia descubre intuitivamente tales posibilidades concretas e individuales de valores, nos veríamos ahora tentados a calificar de instintivo el modo en que lo lleva a cabo y, en consecuencia, a hablar de la conciencia como de un instinto ético, en contraposición a la «razón práctica». Pero un examen más detenido de las cosas nos haría descubrir inmediatamente que este instinto ético se opone; y no en pequeña medida, a lo que ordinariamente llamamos instinto, es decir, al instinto vital. El instinto de los animales, por ejemplo, tiende a un algo general o universal; únicamente actúa en general, lo que significa que es esencialmente esquemático. En efecto, los animales, cada uno según su instinto, reaccionan ante determinadas señales de su respectivo medio ambiente conforme a un esquema rígido, fijo de una vez para siempre y para todos los individuos. La eficacia de este esquema instintivo coincide por lo tanto con el hecho de que sólo es real en términos generales, o sea universalmente, ajustándose a la ley del mayor número. En cambio en los casos individuales no sólo falla, sino que aun induce al individuo a comportarse «irrazonablemente» en determinadas circunstancias, y ello actuando el animal enteramente de acuerdo con su instinto, mas precisamente por eso de modo manifiestamente contraproducente. Así, por ejemplo, el mismo esquema de reacción instintiva que determina que la mayoría de las hormigas, es decir, el conjunto de la colonia, conserve o salve su vida, puede llevar a una hormiga aislada a perderla. Desde el punto de vista, pues, del instinto hay que dar por sentado este hecho, a saber, que el instinto vital descuida lo individual.

De modo totalmente distinto, más aún, en oposición con lo que acabamos de ver, actúa el instinto ético, cuya eficacia queda garantizada por el hecho de no tender a un universal, sino siempre y solamente a lo individual; se dirige, como ya hemos dicho, a lo concreto. Y mientras el animal es a veces extraviado por su propio instinto vital, ocurre que también el hombre de vez en cuando es inducido a error por su razón ética, y sólo su instinto ético, o sea la conciencia, es capaz de hacerle ver ese «uno necesario» que precisamente no es un algo universal; sólo, en efecto, la conciencia puede como si dijéramos sintonizar la ley «eterna» o, por atenernos al concepto ordinario, la «ley moral» con la respectiva situación concreta de una persona concreta. Lo que significa que una vida a partir de la conciencia es siempre una vida absolutamente personal que tiende a una situación absolutamente concreta, a eso que puede importar a nuestro ser individual y único en las condiciones determinadas de su existencia: la conciencia incluye siempre el «ahí» concreto de mi «ser» personal.

Por supuesto, en todas las explicaciones que preceden nada debe interpretarse como dicho en contra de la «ley moral». Todas ellas contribuyen más bien a exaltar la conciencia

Ahora intentaremos mostrar que también a este respecto, es decir, en lo que se refiere a la intención esencialmente individual de la conciencia, el amor acusa con esta última un cierto paralelismo. No sólo, en efecto, la decisión de la conciencia se orienta a una posibilidad absoluta y totalmente individual, sino también la decisión del amor, pues así como la conciencia descubre «lo uno necesario», el amor a su vez descubre «lo único posible», es decir, las posibilidades únicas en su género que ofrece la persona amada. El amor es, en verdad, lo primero y único que está en condiciones de contemplar a una persona en su singularidad, de verla como «el individuo absoluto». En este sentido le es propia una importante función cognoscitiva. Y quizá esta acción cognoscitiva suya fuera ya de antiguo comprendida y apreciada en su valor, como parece ilustrarlo el hecho de que el acto de amor y el acto del conocimiento se designaran en hebreo con la misma palabra.

Pero ¿con qué derecho nos hemos atrevido aquí a hablar de una «decisión del amor» por analogía con una decisión de la conciencia? ¿Acaso tiene el amor algo que ver con una decisión? Ciertamente. Porque en el amor, más todavía, en él especialmente, el ser hombre es un «ser que decide». De hecho una elección de compañero, una elección amorosa, es sólo verdadera elección cuando no se halla dictada por impulsos. Mientras mi elección amorosa venga determinada por algo así como un modelo inconsciente, una imagen fuera del yo, «elloificada», no puede tratarse en absoluto de amor. No sólo en poesía, sino también en psicología es improcedente la rima de *Liebe* (amor) con *Triebe* (impulso). Mientras un yo sea «impulsado» hacia un tú por un ello, no es posible hablar de amor. En el amor ningún yo es impulsado por un ello, sino que el yo es quien se «decide» por un tú.

Mas no únicamente lo ético y lo erótico, no sólo la conciencia y el amor, tienen sus raíces en una profundidad emocional y no racional, o sea en una profundidad intuitiva del inconsciente espiritual; también un tercer aspecto, lo «pático», radica en cierta manera aquí, puesto que en el inconsciente espiritual existe junto al inconsciente ético, junto a la conciencia ética, lo que podríamos llamar un inconsciente estético: la conciencia artística. Tanto en lo que respecta a la producción[1] como a la reproducción artística el artista depende también de una espiritualidad inconsciente en este sentido. A la intuición de la conciencia, en sí irracional y por tanto tampoco del todo racionalizable, corresponde en el artista la inspiración, y esta última radica asimismo en una esfera de espiritualidad inconsciente. A partir de ella crea el artista, y en ella están y permanecen las fuentes en que éste se nutre, en unas tinieblas que nunca es posible iluminar totalmente con la luz de la conciencia. Más aún, constantemente tenemos pruebas de que al menos una conciencia excesiva más bien se interfiere en esa producción «que arranca del inconsciente»; no pocas veces la introspección o autoobservación impuesta, la voluntad de un hacer consciente en lo que de por sí debiera realizarse en una profundidad inconsciente, constituye un serio estorbo para el artista creador. Toda reflexión innecesaria no puede menos de perjudicarle en su obra.

Conocemos el caso de un violinista que trataba siempre de tocar de la manera más consciente posible; desde el ajuste del violín hasta el más insignificante detalle técnico de la ejecución, todo quería «hacerlo consciente», pasarlo por una autorreflexión. Esto sólo pudo llevarle, como era de esperar, a un completo fracaso artístico. El tratamiento terapéutico a que fue sometido tuvo que eliminar de una vez para todas esa tendencia a una «hiperreflexión» y a querer como contemplarse a sí mismo; puso sus miras en lo que en otro

---

1. Cf. el apéndice «Psychotherapie, Kunst und Religion» en mi libro *Die Psychotherapie in der Praxis. Eine kasuistische Einführung für Ärzte*, Viena ²1961.

contexto hemos designado con el nombre de «des-re-flexión» (*Dereflexion*)[2]. La acción psicoterapéutica hubo de devolver a este paciente su *confianza en el inconsciente,* al instruirle de que no dejara en ningún momento de considerar cuánto «más musical» era su facultad inconsciente que su conciencia. De hecho, el tratamiento así enderezado condujo a una desinhibición de las «fuerzas creadoras» del inconsciente, precisamente al liberarse el proceso de (re-) producción artística, que es esencialmente inconsciente, de un exceso de conciencia.

Ahora bien, en el caso que acabamos de comentar se pone de manifiesto un factor importantísimo en toda finalidad psicoterapéutica: Hoy día no es ya posible en modo alguno aferrarse a la opinión de que en la psicoterapia se trata a toda costa de hacer que algo se vuelva consciente, pues el psicoterapeuta sólo efectúa esta operación provisionalmente. Su tarea es la de hacer consciente algo inconsciente (y por tanto también algo espiritualmente inconsciente) para finalmente volverlo a restituir a su inconsciencia; facilita el paso de una «potencia» inconsciente a un «acto» consciente, pero no con otro objeto que el de crear en definitiva un «hábito» nuevamente inconsciente. En último término el psicoterapeuta tiene por misión restablecer la evidencia de las relaciones inconscientes.

Esto que acabamos de decir ¿habrá que interpretarlo en el sentido de que toda producción o reproducción artística (o quizá también, junto a las realizaciones «páticas», todas las éticas y eróticas) deba atribuirse a lo que llamamos sentimiento? A este respecto toda posible cautela por nuestra parte será poca, pues en la actualidad

---

2. Cf. mi libro *Theorie und Therapie der Neurosen. Einführung in Logotherapie und Existenzanalyse,* Múnich [3]1970.

el concepto de sentimiento ha llegado a ser sumamente inexacto. Especialmente nunca sabemos con claridad si con esta palabra se designa –y nos permitimos aquí aludir a la importante distinción de Scheler– un sentimiento «de estado» (*zuständliches Gefühl*), un mero «estado afectivo» (*Gefühlszustand*) o finalmente un «sentimiento intencional» (*intentionales Gefühl*). Es decir, que mientras los sentimientos intencionales podrían muy bien atribuirse al inconsciente espiritual, los simples estados afectivos o sentimentales tendrían tan poco que ver con el ser hombre espiritual-existencial, o sea el propio y auténtico ser hombre, como cualquiera de los estados impulsivos.

Hemos de hacer notar, sin embargo, expresamente que nuestro reproche de una cierta inexactitud sólo se refiere al vocablo «sentimento», y en modo alguno al sentimiento mismo. En efecto, el sentimiento propiamente dicho, al menos en los casos en que en el lenguaje de Scheler habría de calificarse de intencional, está muy lejos de ser inexacto, ya que *el sentimiento puede ser mucho más fino y delicado en su esfera que agudo el entendimiento en la suya.*

La dificultad de la investigación cuando intentamos penetrar en el terreno del inconsciente, incluso tratándose de algo secundario respecto al proceso formativo, esencial por ser necesariamente inescrutable, del actuar espiritual, se pone ya de manifiesto en este sencillo hecho: Siempre y en todas partes se han hecho y seguirán haciéndose chistes, y la gente se ha reído y seguirá riéndose con ellos; pero hasta el presente no se ha encontrado todavía una explicación científica plenamente satisfactoria del fenómeno chiste o del fenómeno risa. Esto prueba lo poco que depende la ejecución de los actos de un conocimiento reflexivo o aprensión cognoscitiva de los mismos.

Volviendo a los paralelismos ya mencionados, podemos aún añadir lo siguiente: Allí donde el yo (espiritual) penetra y se mueve en una esfera inconsciente como en su propio terreno, puede hablarse respectivamente de conciencia, amor o arte. Allí donde, por el contrario, el ello (psicofísico) hace irrupción en la conciencia, hablamos de neurosis o de psicosis, en cada caso según lo que caracterice dicha patogenia; según sea una psicogenia (como en la neurosis) o una fisiogenia (como en la psicosis).

IV

LA INTERPRETACIÓN ANALÍTICO-
EXISTENCIAL DE LOS SUEÑOS

Sin negar la dificultad que ya desde un principio entraña, según se desprende de lo dicho hasta ahora, el encontrar una vía de explicación precisamente para el fenómeno del inconsciente espiritual, no debemos olvidar que existe ya de hecho un camino donde el inconsciente –por tanto también el inconsciente espiritual– sale, por decirlo así, al paso de nuestra investigación. Nos referimos a los sueños. Desde la clásica interpretación de sueños basada en el método de asociaciones libres tal como Freud lo introdujo científicamente, nos hallamos en condiciones de aprovechar las posibilidades que dicho método ofrece.

También nosotros, pues, lo vamos a utilizar; y lo haremos no sólo para traer a la esfera de la conciencia y de la responsabilidad la impulsividad inconsciente, sino asimismo la espiritualidad inconsciente. Después de todo lo dicho debemos ya suponer que en los sueños, esos auténticos productos del inconsciente, no solamente intervienen elementos del inconsciente impulsivo, sino también del inconsciente espiritual. Pero si para llegar a estos últimos nos servimos del mismo método que Freud utilizaba para ir meramente en pos del inconsciente impulsivo, nosotros, que marchando por el mismo camino perseguimos otro fin, bien podemos decir con respecto al psicoanálisis: Caminamos juntos, pero marcamos el paso por separado.

Igualmente en lo que se refiere a la interpretación de sueños vale nuestra apreciación de que la conciencia es el modelo más idóneo para reflejar la actividad del inconsciente espiritual. Tomemos como ejemplo el siguiente sueño:

Una paciente sueña que, junto con la ropa sucia entregada para lavar, han echado también un gato sucio, y que luego, al devolverse la ropa ya lavada, el gato aparece entre ella muerto. Asociaciones: A «gato», se le ocurre a la enferma que ella ama los gatos «más que todo»; por supuesto, también ama «más que todo» a su hija, que es la única que tiene. Así pues, «gato» significa aquí hija. Pero ¿por qué está «sucio» el gato? Esto se explica en cuanto oímos declarar a la paciente que últimamente la vida amorosa de su hija ha sido objeto de numerosas habladurías y chismes en el vecindario: así que de hecho, a este respecto, «se sacaron a relucir los trapos sucios». Éste es también el motivo por el que la enfermera, como ella misma lo admite, había estado constantemente espiando y sermoneando a su hija. Ahora bien ¿qué nos dice todo este sueño a fin de cuentas? En realidad constituye una advertencia, a saber, que la enferma no atormente tanto a su hija con una desmesurada insistencia en su «limpieza» moral, de tal manera que acabe por destruirla. El sueño viene, pues, a dar expresión a la voz de aviso de la propia conciencia.

No acabamos de ver por qué razón habíamos de renunciar a esta posibilidad tan sencilla de explicar los sueños en todos sus distintos elementos, para atenernos, en cambio, a la idea preconcebida de que tras ellos también necesariamente han de encerrarse contenidos de sexualidad infantil. Más bien pretendemos dejarnos guiar, aun frente a los datos empíricos del inconsciente espiritual, por la gran virtud del psicoanálisis, a saber, la objetividad; pero exigimos dicha objetividad no sólo por parte del analizando, sino también del analista. Reclamamos no sólo del objeto investigado una probidad y sinceridad incondicionales (por ejemplo en lo tocante a sus producciones mentales), sino igualmente del sujeto investigador una imparcialidad incondicional que no le haga cerrar los ojos en lo que se refiere a los hechos de la espiritualidad inconsciente. Vemos ahora otro sueño de un nuevo paciente:

El enfermo da cuenta de un sueño que se le repite constantemente a intervalos relativamente breves, incluso a lo largo de una misma noche, en que llega a reaparecer una y otra vez como una especie de sueño en cadena. Sueña que se encuentra en cierta ciudad extranjera y que allí intenta llamar por teléfono a una determinada señora, pero sin llegar nunca a conseguirlo. Sobre todo no logra establecer la comunicación porque el disco telefónico es demasiado grande y está dividido en cien números, de tal modo que le es imposible componer el suyo. Al despertarse, el paciente observa que el número que quería marcar en el sueño solamente se parece algo al que aquella señora tiene en realidad, pero en cambio es idéntico al de una empresa en la que actualmente trabaja con éxito. Comentando el sueño con el paciente resulta que éste es compositor de profesión y que durante el tiempo en que estuvo realmente en aquella ciudad que aparece en el sueño se hallaba ocupado en un trabajo de composición que le satisfacía mucho: se trataba de una música de contenido religioso. En el momento que nos ocupa, sin embargo, trabajaba con éxito, como ya lo hemos dicho, pero sin un sentimiento de plena realización interna, en música de jazz para el cine. Ahora bien, el enfermo declara decididamente que de ningún modo puede tratarse de un sentimiento de nostalgia hacia aquella ciudad extranjera, pues los años allí pasados fueron desagradables en todos los aspectos con la sola excepción del trabajo; tampoco podía hablarse de deseo nostálgico hacia la señora, ya que con ella no tuvo la menor relación erótica. Sin embargo manifiesta espontáneamente que en aquella parte del sueño en que aparecía el disco de proporciones gigantescas ve él un reflejo del hecho actual, aceptado con resignación, de no poder elegir. Pero, ¿de qué elección se trata?, hemos de preguntarnos. La respuesta se cae de su peso: la elección profesional, la decisión entre componer música profana o religiosa, siendo esta última a la que el paciente se siente inclinado por vocación autentica. De repente se nos aclara a nosotros también el significado del contenido central del sueño, a saber, que el enfermo trata una y otra vez, aunque en vano, de establecer comunicación. No nos queda sino poner en lugar de *wieder Verbindung* la palabra *Rückverbindung* y traducirla a su equivalente latino, y así tenemos: *religio**.

---

* Para entender la explicación del autor hemos de tener en cuenta que juega con vocablos y conceptos alemanes, y en este sentido nos es imposible ofrecer una traducción coherente en castellano. En primer lugar, la relación entre el disco de teléfono y la elección profesional se pone de manifiesto si consideramos que la palabra alemana *wählen* es la misma para «marcar un número de teléfono» y para «elegir». *Wahl* es pues también la «composición de un número en el disco» y una «elección». Algo más complicado puede parecer el proceso para asociar una comunicación telefónica con la religión. El vocablo alemán *Verbindung* tiene asimismo el doble significado de «conexión», «comunicación» y, por otra parte, el de «atadura», «ligadura». *Rückverbindung* podría por consiguiente significar tanto «recomunicación» (comunicación repetida una y otra vez) como «re-ligadura» (efecto de «religase», etc.); esto último no es otra cosa que el sentido etimológico de la palabra latina *religio,* es decir «religión». Nota del traductor.

Como vemos, en este sueño no se trata de ningún toque de advertencia dirigido al durmiente, como era el caso en el sueño anterior, sino que aquí el sueño figura un reproche que el enfermo se hace a sí mismo; en ambas ocasiones, sin embargo, procede de la conciencia, o sea de lo más íntimo del inconsciente espiritual. En el segundo sueño, además, no sólo habla la conciencia ética, sino también claramente la conciencia artística. La personal problemática religiosa que aparece en este mismo sueño, precisamente como contenido concreto de la espiritualidad inconsciente, puede también naturalmente presentarse de modo más claro y directo en otros sueños, es decir, no como problemática religiosa latente, sino manifiesta. Prueba de ello es el siguiente ejemplo:

Un paciente sueña que su padre le entrega sacarina, pero él la rechaza, añadiendo orgullosamente la observación de que antes bebería el café o el té amargos que endulzados con un sucedáneo. A «entregar» (*übergeben*) el enfermo asocia «entrega», «transmisión» (*Übergabe*), literalmente: tradición (*Tradition*); ahora bien, comenta, «lo que mi padre me ha «transmitido» (*tradiert*) es la confesión religiosa a la que pertenecemos». Las demás asociaciones resultan de los siguientes hechos acaecidos al paciente con anterioridad al sueño: La tarde anterior había leído en una revista un artículo que reproducía el diálogo entre un filósofo existencialista y un teólogo; la argumentación del filósofo le pareció bastante plausible, y sobre todo le impresionó mucho el rechazo por parte de dicho filósofo de una religiosidad que consideraba existencialmente falsa; en concreto recordaba la parte del diálogo en que el filósofo se negaba «a huir a un reino de fe o a un reino de sueños», y exclamaba: «¿Qué vale el motivo de desear ser feliz? Lo que nos importa es la realidad». También aquí, en estado de vela, se da por consiguiente un rechazo de algo falso. Pero sigamos oyendo al enfermo: Esa misma tarde le fue dado también oír por la radio un sermón que de alguna manera sintió como «consuelo barato» y como algo «dulzón». Si ligamos ahora esto al hecho de que en un pasaje del artículo mencionado se formulaba también la pregunta: «¿Qué sucede entonces, si en el mundo se pierde el *gusto* (!)?», comprenderemos sin dificultad por qué conexiones asociativas se vincula lo falso (existencialmente, y aquí respecto a la religiosidad o a la confesión religiosa transmitida) de modo selectivo con la esfera del gusto, y por qué razón es especialmente elegida como imagen onírico-plástica una sustancia edulcorante «falsa», la sacarina, que ha de sustituir al auténtico azúcar. Finalmente llegamos a apreciar con toda claridad esta elección del símbolo, cuando nos enteramos todavía de lo que sigue: Nuestro paciente lleva siempre consigo, a la manera de un talismán, cierto símbolo religioso que corresponde a su confesión «transmitida», y para «camuflarlo» a las miradas de los extraños lo lleva dentro de una cajita de madera que en su origen servía para contener... sacarina.

De nuevo en otros sueños tropezamos, dentro de las manifestaciones del inconsciente espiritual, con la problemática religiosa personal, y no sólo, como en el último sueño que hemos comentado, en lo que atañe al aspecto confesional, sino también, dentro de lo confesional, especialmente a lo eclesiástico-institucional. Como comprobación empírica de esta última posibilidad, permítasenos aducir el siguiente sueño de una enferma:

La paciente soñó: «Voy a la iglesia de Alser». A esto ella asocia: Cuando me dirigía a casa del médico, pasé junto a la iglesia de Alser y repetidas veces pensé que estaba caminando hacia Dios, pero no por la Iglesia, sino en cierta manera por medio del tratamiento psicoterapéutico; mi camino hacia Dios pasaba de algún modo por el médico, aunque, es verdad, al regresar de la consulta volvía a pasar por delante de la iglesia de Alser; mi camino a casa del médico no es, pues, sino un rodeo para ir a la iglesia. El sueño continúa así: «La iglesia produce una impresión de abandono». Lo que significa: La iglesia está abandonada, es decir, la paciente ha abandonado la Iglesia; de hecho había dejado de ir a la iglesia. «La iglesia ha sido completamente destruida por un bombardeo; el tejado se ha venido abajo y solamente el altar ha quedado intacto». Significado: Las conmociones (internas) sufridas por la enferma durante la guerra no sólo han «ensanchado» su espíritu, sino que también le han aclarado el campo de visión para fijarla en lo central (¡el altar!) de la religión. «Desde el interior se ve brillar un cielo azul, y el aire circula libremente». Significado: Las mencionadas sacudidas internas han liberado su visión, abriéndola a lo supraterreno. «Pero sobre mí veo aún restos de tejado y maderas que amenazan derrumbarse, lo que me produce temor». Interpretación: La enferma tiene miedo de una recaída, de quedar sepultada o cegada de nuevo. «Y salí huyendo hacia afuera, por cierto algo desilusionada». Significado: de hecho, en lo tocante no sólo a su confesión religiosa sino también al aspecto eclesiástico-institucional de la misma, la paciente había sufrido últimamente algunas pequeñas decepciones; su total adhesión a la citada Iglesia se había visto menoscabada por ciertas impresiones que tenían algo que ver con la presunta mezquindad y falta de generosidad de algunos clérigos y teólogos.

El hecho de que el aspecto institucional eclesiástico perturbara a la paciente en el contexto de su problemática religiosa no nos extrañará ya en absoluto desde el momento en que nos enteramos de que la mujer es manifiestamente propensa a experiencias extático-místicas. De ahí que sea también interesante investigar ese aspecto de su problemática religiosa aun en los sueños; dicho de otro modo, tratar de averiguar a partir de sus sueños hasta qué punto interviene también en ellos esta faceta de la espiritualidad inconsciente de nuestra enferma. El siguiente sueño de esta última sirve de confirmación a lo dicho:

«Me encuentro en Stephansplatz». Es decir: en el centro de la Viena católica. «Estoy ante el pórtico tapiado de la iglesia de san Esteban». Significado: el acceso al cristianismo le está todavía vedado. «La catedral misma se halla sumida en la oscuridad, pero yo sé que Dios está allí». Asociación: De hecho eres un Dios oculto. «Busco la entrada». Significado: Ahora busca el modo de llegar al cristianismo. «Falta poco para las doce». Significado: Ya es hora, el tiempo urge. «El Padre N.N. está predicando dentro» (el Padre N.N. es algo así como el representante del cristianismo para nuestra paciente). «A través de un tragaluz veo su cabeza». Significado: La persona de dicho Padre sólo le transmite un fragmento de lo que representa. «Quiero pasar hasta adentro». Significado: Desea sustraerse a la persona para ir directamente a lo esencial. «Corro por estrechos pasillos». Es decir, estrechez = angustia: nuestra enferma espera con angustia, con impaciencia, alcanzar su meta. «Llevo una bombonera conmigo; en ella hay una inscripción con las palabras: Dios llama». Significado: Su vocación a una vida religiosa, esa meta a la que aspira tan impacientemente, y por tanto también el camino hacia ella implica la dulzura de una experiencia extático-mística. «Saco de la bombonera un dulce y lo como, aun cuando sé que me puede hacer daño». Asociación: Con frecuencia la enferma ha declarado que se entrega a sus éxtasis místicos aun a sabiendas de que corre el riesgo de «caer en la demencia», es decir, «de ponerse mala». «Temo que alguien pudiera ver la inscripción de la bombonera; me da vergüenza y comienzo a borrarla». Asociación: La paciente sabía que su caso sería publicado, y en consecuencia había hecho todo lo posible por impedir dicha publicación.

Aquí nos topamos con un hecho de no poca importancia para ulteriores investigaciones, a saber, que lo religioso se encubre a veces pudorosamente. Sería un gran error, sin embargo, confundir tal pudor con una inhibición neurótica. La vergüenza es un comportamiento absolutamente natural, y en todo caso nunca puede asimilarse a una represión de tipo neurótico. Desde los trabajos de Max Scheler al respecto, incluso sabemos que el pudor desempeña también en el amor una marcada función protectora. Su tarea consiste en impedir que algo que es objeto absoluto llegue a convertirse en... objeto de espectadores. Así pues, podemos decir que el amor tiene aversión a ser observado. Por eso huye también de toda publicidad, puesto que en la publicidad y por parte de esta última teme el hombre que algo sagrado en él sea profanado. Esta profanación tendría lugar, por ejemplo, si se perdiera la inmediatez de la entrega, al convertirse ésta de alguna manera en objeto; mas no sólo meramente en objeto de contemplación para extraños, sino también para uno mismo. En ambos casos su carácter inmediato, original, auténtico, y por tanto la existencialidad, amenaza con desaparecer o con transformarse en la facticidad de una situación observada por otros o por sí mismo desde fuera. En otras palabras, mediante la contemplación extraña o propia el amor se «desyoifica» y «elloifica».

Exactamente lo mismo parece también suceder con algo no menos sagrado para el hombre, mejor aún, con lo más sagrado que hay en él: la religiosidad. No lo olvidemos, la religiosidad implica, por lo menos en la misma medida que el amor, una verdadera intimidad; es «íntima» al hombre en un doble sentido: está «en lo más hondo» de él, y, como el amor, se halla también bajo la protección del pudor. Aun la religiosidad auténtica se esconde de toda publicidad, precisamente para seguir siendo auténtica; se oculta para no traicionarse a sí misma. Ahora bien, nuestros pacientes suelen tener miedo de «traicionar» su experiencia religiosa «íntima» de dos maneras: tanto en el sentido de «divulgarla», darla a la publicidad, como en el de «hacerle traición». Esto último lo temen en cuanto que no quieren que su experiencia íntima caiga en manos de alguien incapaz tal vez de concebirla en su ser propio, de comprenderla como algo «propio» de la persona, sino más bien de alguien que viera en ella algo «impropio»; estos pacientes tienen miedo, por ejemplo, de que el médico a quien ellos revelaran su experiencia interior intentase quizá desenmascararla como una sublimación de la libido, o ponerla al descubierto como algo no personal, algo no perteneciente a la esencia del yo, sino del ello («inconsciente arcaico») o del «se» impersonal («inconsciente colectivo»)[1].

---

1. Uno de mis pacientes declaró en cierta ocasión espontáneamente: «¿Cómo es que me avergüenzo de todas las cosas religiosas, que éstas se me llegan a hacer penosas y ridículas? Sin embargo, creo que yo mismo sé perfectamente por qué me dan vergüenza mis propias exigencias religiosas: La tónica central del tratamiento psíquico a que se me viene sometiendo desde hace 27 años en otras clínicas y por otros médicos es siempre la misma; me dicen que tales anhelos no son sino sutilezas filosóficas, especulaciones

Sólo de esta manera podemos comprender que la última paciente a que nos referimos sintiese una profunda aversión a salir un día a la publicidad como «caso» y a que su vivencia religiosa se viera degradada en cierto modo al rango de una cosa. Tal aversión la encontramos, naturalmente, no sólo en lo que respecta a «publicaciones», es decir, no sólo a que las cosas «salgan a la luz pública», sino también a que puedan llegar a ser objeto de observación por parte de un público. Al decir esto pensamos en lo que nosotros mismos hemos podido constatar en el ejercicio de nuestra actividad docente tocante a la psicoterapéutica:

En nuestras clases los pacientes no son llevados a un aula, sino que la conversación tiene lugar en un recinto adyacente a solas con el médico y ante un micrófono que transmite al aula lo que se habla mediante una instalación de altavoces; los enfermos tienen pues al público no ante la vista, sino, por decirlo así, ante los oídos; el público es aquí por lo tanto un verdadero «auditorio». De esta manera nada propiamente «se expone a la vista», sino que en el caso que nos ocupa sólo se permite que lo hablado sea escuchado por meros «oyentes». Pese a todo, las declaraciones de la paciente siguen siendo en algún modo declaraciones *coram publico*, ya que la transmisión del diálogo al aula se hace, claro está, a sabiendas suyas y con su consentimiento. Esto supuesto, nos parece sumamente digno de atención el hecho de que *los mismos enfermos*, que ante las óptimas condicio-

absurdas, porque sólo existe lo que se ve y se oye, lo demás son desvaríos que proceden de algún trauma o de un deseo de refugiarse en la enfermedad (para huir de la vida real). Así, cuando hablaba de mis tendencias hacia Dios, casi me asaltaba el temor de que acabarían poniéndome la camisa de fuerza. Esta clase de tratamiento ha sido hasta ahora un eterno "escurrir el bulto"».

nes establecidas por nosotros para preservar su incógnito y consiguientemente reducir al máximo su timidez e inhibiciones *se hallan dispuestos sin más a comentar, por ejemplo, su vida sexual más íntima, descendiendo incluso a detalles perversos, esos mismos enfermos,* decimos, *empiezan a sentirse «cohibidos» en cuanto se toca su vida religiosa íntima.* Así, durante una de esas sesiones en una habitación contigua y ante el micrófono, preguntamos totalmente de improviso a una paciente por sus sueños; la enferma respondió a nuestra pregunta –para ella sorprendente– reproduciendo el siguiente sueño:

«Me encuentro en medio de una gran multitud de gente, como en una gran feria; todos se mueven en una dirección, mientras que yo hago esfuerzos por avanzar en dirección contraria». Interpretación: En el torbellino de la «feria» de este mundo toda la gran masa está unánimemente orientada en una dirección, precisamente está masificada; pero la enferma nada, por así decirlo, contra corriente. «De alguna manera conozco la dirección en que he de avanzar, pues en el cielo brilla una luz que voy siguiendo. Esta luz se hace cada vez más y más intensa hasta tomar cuerpo en una figura concreta». Significado: Al principio la enferma sólo conoce de modo vago y general la dirección que han de seguir sus pasos, luego con más precisión. Ahora le preguntamos de qué figura se trata exactamente. En este momento la paciente da muestras de hallarse en situación embarazosa y, tras alguna vacilación, nos pregunta con mirada suplicante: «¿De veras he de hablar de esto?». Y sólo después de mucho apremio y persuasión se decide a revelar su secreto: «La figura era Cristo». En sueños se veía impelida, su conciencia se lo exigía, a ir en pos de Cristo, a seguir su camino como cristiana.

En este sueño no podemos hablar ya de una problemática religiosa propiamente dicha. Para nuestra paciente la religión, su camino religioso, parece estar fuera de toda discusión. Por el contrario, en los sueños que antes hemos relatado de otros enfermos se daba una clara problemática religiosa; ésta se nos presentaba de manera más o menos velada en cada caso según el grado en que la religiosidad del enfermo fuera manifiesta o latente; por tanto según que la religiosidad de los respectivos sujetos fuera para ellos mismos consciente o siguiera siendo inconsciente, según la medida en que la hubieran reprimido. Después de lo que hemos dicho sobre el carácter verdaderamente «íntimo» de la auténtica religiosidad no ha de extrañarnos ya que se pueda llegar a hablar de una «represión» de dicha religiosidad, de su ocultamiento psicológico ante el yo consciente. Tampoco nos asombraremos si ocasionalmente tropezamos con sueños flagrantemente religiosos aun en personas manifiestamente irreligiosas, pues ahora sabemos las razones profundas e íntimamente ligadas al ser, por las que no sólo existe una *libido* inconsciente o reprimida, sino también una *religio* asimismo inconsciente o reprimida. Es claro, después de lo dicho al principio, que la primera de ambas cosas ha de atribuirse al inconsciente impulsivo, mientras que la segunda, en cambio, pertenece por su esencia al inconsciente espiritual. Mas esto es también un importante presupuesto para nuestras siguientes investigaciones.

V

LA TRASCENDENCIA DE LA CONCIENCIA

Al hablar en el capítulo anterior de la interpretación analítico-existencial de sueños, hemos venido a dar con el hecho psicológico de la religiosidad inconsciente o, en su caso, reprimida. Nuestro propósito ahora es mostrar hasta qué punto estos resultados psicológicos del análisis existencial corresponden también a sus expectativas ontológicas. De hecho tal es el caso, puesto que el análisis existencial de la conciencia, como lo hemos abordado en el capítulo precedente, deberá por fuerza desembocar, si lo llevamos hasta sus últimas consecuencias, en un hallazgo de suma importancia que ya desde ahora quisiéramos designar con el nombre de trascendencia de la conciencia. Ahora bien, para explicar lo que significa esta trascendencia de la conciencia hemos de partir de los siguientes hechos:

Toda libertad tiene un «de qué» y un «para qué». Si preguntamos «de qué» es libre el hombre, la respuesta es: de ser impulsado, es decir que su yo tiene libertad frente a su ello; en cuanto a «para qué» el hombre es libre, contestaremos: para ser responsable. La libertad de la voluntad humana consiste, pues, en una libertad de ser impulsado para ser responsable, para tener conciencia.

Este hecho, con su doble aspecto, lo viene a describir del mejor modo posible la sencilla frase imperativa de Maria von Ebner-Eschenbach: «Sé dueño de tu voluntad y siervo de tu conciencia». De esta frase, de esta exigencia ética, vamos nosotros a partir para explicar lo que entendemos por trascendencia de la conciencia. He aquí la forma que toman nuestras reflexiones:

«Sé dueño de tu voluntad..». Dueño de mi voluntad lo soy ya por el hecho de ser hombre, pero con la condición al mismo tiempo de entender debidamente este mi ser hombre, de comprenderlo precisamente como ser libre, de concebir todo mi ser existente como plenamente ser responsable. Empero si además he de ser «siervo de mi conciencia», más aún, si he de poderlo ser en absoluto, la conciencia entonces debe ser otra cosa, algo distinto de mí mismo; tiene que ser algo que esté por encima del hombre, este hombre que escucha «la voz de la conciencia»; tiene que ser algo extrahumano. Dicho de otra manera, sólo podré ser siervo de mi conciencia si, al entenderme a mí mismo, entiendo esta última como un fenómeno que trasciende mi mero ser hombre, y por tanto me comprendo a mí mismo, comprendo mi existencia, a partir de la trascendencia. Así pues, no he de concebir el fenómeno de la conciencia simplemente en su facticidad psicológica, sino en su trascendentalidad esencial; sólo puedo por tanto ser propiamente «siervo de mi conciencia» cuando el intercambio con ésta es un auténtico diálogo, por consiguiente más que un mero monólogo, cuando mi conciencia es algo más que mi propio yo, cuando es portavoz de algo distinto de mí mismo.

¿Nos equivocamos, pues, en nuestro modo de expresarnos cuando hablamos de una voz de la conciencia? Porque, según lo dicho, la conciencia no podría «tener voz», ya que ella misma «es» voz: voz de la trascendencia. Esta voz la escucha el hombre solamente, pero no procede de él; al contrario, sólo el carácter trascendente de la conciencia nos permite comprender por vez primera al hombre, y en especial su personalidad, en un sentido profundo. A esta luz la expresión «persona» vendría a adquirir un nuevo significado, puesto que ahora podríamos decir que en la conciencia de la persona humana *per-sonat** una instancia extrahumana. Qué instancia sea ésta no lo podemos descubrir a partir de aquí, sólo en relación con la problemática del origen de la conciencia o con su raigambre trascendental; pero al menos puede muy bien afirmarse que también esta instancia extrahumana ha de ser forzosamente de carácter personal; ahora bien, esta conclusión ontológica no puede menos de remitirnos a aquello que llamaríamos una fiel reproducción o reflejo de la persona humana.

La conciencia como hecho psicológico inmanente nos remite, pues, ya por sí misma a la trascendencia; es decir que sólo puede entenderse a partir de la trascendencia, únicamente como un fenómeno él mismo de alguna manera trascendente. Del mismo modo que el ombligo humano considerado por sí mismo no parecería tener sentido, porque ha de entenderse solamente a partir de la «prehistoria» del hombre o, mejor todavía, de su historia antes de nacer, y considerarse como un «resto» en el hombre que trasciende a este último y lo remite a su procedencia del organismo materno en que fue formado, así también la conciencia sólo puede entenderse en su sentido pleno cuando la concebimos remitiéndola a un origen trascendente. Mientras contemplemos al hombre dentro de la ontogenia biológica como a individuo consi-

---

* En latín: «resuena», «retumba», «se deja oír con estrépito». Nota del traductor.

derado en sí mismo, sin tratar de comprenderlo a partir de sus orígenes, no nos será posible entender todos los aspectos de su organismo; de la misma manera, tampoco dentro de la ontología del hombre podemos comprender todos sus aspectos, y en especial la conciencia, si no recurrimos a un origen trascendente. La conciencia sólo se nos hace comprensible a partir de una región extrahumana, y sólo, por lo tanto, propia y plenamente cuando comprendemos al hombre en su condición de «criatura», de tal modo que podamos decir: Como señor de mi voluntad soy creador, como siervo de mi conciencia soy criatura. En otras palabras, para explicar la condición humana de ser libre basta la existencialidad; para explicar la condición humana de ser responsable debo empero remitirme a la trascendentalidad del «tener conciencia».

De este modo la conciencia, que ya desde un principio hemos considerado como modelo del inconsciente espiritual, se convierte en una especie de punto clave en el que se nos revela la esencial trascendencia de este inconsciente espiritual. El hecho psicológico de la conciencia es, pues, sólo el aspecto inmanente de un fenómeno trascendental, la pieza que penetra como una cuña en la inmanencia psicológica. La conciencia es sólo el lado inmanente de un todo trascendental, que como tal desborda el plano de la inmanencia psicológica, es decir, precisamente trasciende dicho plano.

De aquí se sigue lógicamente que la conciencia nunca puede proyectarse sin violencia desde el ámbito de lo espiritual al plano de lo anímico, como tratan en vano de hacerlo todas las explicaciones del psicologismo[1].

---

1. Cf. mis libros *Zeit und Verantwortung*, Viena 1947, p. 6, y *Der Wille zum Sinn*, Berna-Stuttgart-Viena 1972, p. 39.

Se ha dicho ya que la conciencia es voz de la trascendencia y que, por lo tanto, ella misma es trascendente. Así pues, el hombre irreligioso no es sino aquel que ignora esta trascendencia de la conciencia. Porque también el hombre irreligioso tiene, en efecto, conciencia, también él tiene responsabilidad; sólo que no pregunta más allá, no pregunta ni por el «ante qué», de su responsabilidad ni por el «de dónde» de su conciencia. Mas esto no debe extrañarnos:

En el primer Libro de Samuel (3, 2-9 se describe cómo el joven Samuel dormía una noche en el templo al lado del sumo sacerdote Elí. De repente lo despierta una voz que lo llama por su nombre. Entonces se levanta y se dirige a Elí para preguntarle qué es lo que quiere de él; pero el sumo sacerdote, que no era quien le había llamado, le manda que se vuelva a acostar. Lo mismo se repite por segunda vez, y sólo a la tercera el sumo sacerdote aconseja al muchacho que, si oye que de nuevo lo llaman por su nombre, se levante y diga: «¡Habla, Señor, que tu siervo escucha!».

Incluso, pues, el profeta, siendo todavía un adolescente, ignora como tal la llamada que le viene de la trascendencia. ¿Cómo podrá entonces un hombre ordinario reconocer sin más el carácter trascendente de esa voz con que le habla su conciencia? ¿Y cómo habrá de extrañarnos que en general no vea en esa voz que resuena en él sino algo fundamentado en su propio ser?

El hombre irreligioso es, por consiguiente, aquel que acepta su conciencia en la facticidad psicológica de ésta, el que ante este hecho prácticamente se detiene en lo mero inmanente, se para, por decirlo así, antes de tiempo. En efecto, considera la conciencia como una cosa última, como la última instancia ante la cual ha de sentirse responsable. Sin embargo, la conciencia no es el último «ante qué» del ser responsable; no es una «ultimidad», sino una «penultimidad». El hombre irreligioso se ha detenido antes de tiempo en su camino en busca de sentido porque no ha ido, no ha preguntado más allá de la conciencia. Es como si hubiera llegado a una cumbre inmediatamente inferior a la más alta. ¿Por qué no sigue adelante? Porque no quiere dejar de seguir teniendo «tierra firme bajo sus pies»; porque la verdadera cima se esconde a su vista, se halla oculta por la niebla, y en esta niebla, en esto desconocido, nuestro hombre no se atreve a internarse. A ello sólo se atreve precisamente el hombre religioso. ¿Qué puede sin embargo impedir que ambos, allí donde el uno se queda parado y el otro se decide a emprender la ruta final, se despidan mutuamente sin rencor?

Justamente el hombre religioso debiera también ser capaz de respetar esta decisión negativa de su semejante; debiera no sólo reconocerla como posibilidad de principio, sino igualmente aceptarla como realidad de hecho. Porque precisamente el hombre religioso ha de saber que la libertad de tal decisión ha sido querida, creada por Dios; en efecto, hasta tal punto el hombre es libre, ha sido hecho libre por su Creador, que esta libertad es una libertad hasta el no, va tan lejos que la criatura puede decidirse aun en contra de su propio Creador, puede incluso negar a Dios.

A decir verdad, el hombre a veces se contenta con negar solamente el nombre de Dios; con arrogancia habla entonces de «lo divino» o de «la divinidad», y aun a esta última preferiría dar un nombre particular u ocultarla a toda costa con expresiones vagas y nebulosas de tinte panteístico. Pues así como se requiere un poco de valentía para confesar abiertamente algo, una vez que se ha conocido, también se requiere un poco de humildad para llamar a eso mismo con la palabra que los hombres vienen utilizando desde hace miles de años; simplemente con la palabra: Dios.

Hasta aquí hemos tratado principalmente del «ante qué» de la responsabilidad humana, y hemos visto cómo el planteamiento ético de esta cuestión se convierte en religioso. Pero la conciencia no solamente nos remite a la trascendencia, sino que brota también dentro de la misma trascendencia; es, por tanto, ónticamente irreductible. Para salir de la problemática del origen de la conciencia no existe camino alguno psicológico o psicogenético, sino únicamente ontológico.

Ya Hebbel dejó constancia de la inutilidad de todos los intentos llevados a cabo en pro de una reducción óntica de la conciencia, es decir, de una solución óntica al problema de su «de dónde», al escribir a Uechtritz en una carta (del 13-5-1875) lo que sigue: «La conciencia está en aguda contradicción con la totalidad de los fines que se asignan al hombre desde el punto de vista del materialismo, y aun cuando pudiera basarse en ella el instinto de conservación de la especie en el sentido de un regulador o correctivo de lo individual, cosa que sucederá tarde o temprano si es que no ha sucedido ya, no por este hecho se podrá explicar ni tampoco anular». Ahora bien, lo que Hebbel profetizó aquí ha ocurrido ya de hecho, y al psicoanálisis precisamente se debe el haber intentado explicarla por la impulsividad, el haber querido reducirla a esta última: el psicoanálisis llama a la conciencia «superyo», y este superyo lo deriva de la «introyección» de la imagen del padre.

Pero así como no es posible derivar el yo del ello, tampoco el superyo puede derivarse del yo. Nos hallamos aquí más bien ante una doble *aporía*: por una parte la existencialidad del yo, y por otra la trascendentalidad del llamado superyo. Respecto al primer caso ya hemos visto que el ser responsable (existencial) del hombre jamás puede reducirse a su ser impulsivo, que el yo nunca puede derivarse de la impulsividad, que el concepto de los «impulsos del yo» es más bien una idea llena de contradicciones en sí misma. Jamás podrían los impulsos reprimirse, censurarse o sublimarse a sí mismos, y aun cuando existiera una energía impulsiva capaz de contener o encauzar la propia impulsividad, eso mismo tampoco podría derivarse de la impulsividad propiamente dicha.

Ahora bien, de la misma manera que el ello no puede reprimirse a sí mismo, tampoco el yo puede ser responsable ante sí mismo. El yo nunca puede ser su propio legislador ético. Así que en definitiva tampoco puede haber un «imperativo categórico» autónomo, ya que todo imperativo categórico ha de estar a fin de cuentas legitimado por la trascendencia, y no por la inmanencia. Su carácter categórico está y coincide con esta trascendencia suya y, por tanto, no puede derivarse de la inmanencia. Al decir, en efecto, que el yo es fundamentalmente ser responsable, en contraste con el ello que es ser impulsivo, no se afirma ni mucho menos que este yo responsable sea responsable sólo ante sí mismo. Ser libre es poca cosa, no es nada, sin un «para qué»; pero ser responsable tampoco lo es todo sin un «ante qué». Por consiguiente, del mismo modo que de los impulsos (ello) no puede derivarse la voluntad (yo), tampoco del «querer» puede derivarse el «deber» (superyo), «ya que —recordemos las bellas palabras de Goethe— todo querer sólo es un querer precisamente porque debiéramos».

El deber se presupone pues siempre de alguna manera a todo querer; el deber precede ontológicamente al querer. Porque así como yo solamente puedo responder si me han preguntado, así como toda respuesta hace necesario un «a qué» y este «a qué» ha de ser anterior a la respuesta misma, así también el «ante qué» de toda responsabilidad precede a la responsabilidad misma. Mi «deber» tiene que presuponerse en cuanto que «debo querer».

Ningún superyo, ningún «ideal del yo» podría actuar eficazmente si procediera simplemente de mí mismo, si sólo fuese un modelo concebido y creado por mí y no de alguna manera ya dado, encontrado; nunca podría tener efecto si se tratara únicamente de mi propia invención.

Y cuando Jean-Paul Sartre dice que el hombre es libre y le pide que elija, que se invente a sí mismo, que el hombre «idee» al hombre, cuando con esto quiere decir que el hombre puede inventarse a sí mismo sin intervención de algo procedente de una región esencialmente extrahumana, debemos preguntarnos: ¿No se parece semejante comienzo al truco indio de la soga? Con este truco el fakir quiere hacer creer que un muchacho sería capaz de trepar por la soga que él ha lanzado al aire. De esta misma manera el hombre, según Sartre, proyecta o lanza su deber ser hacia la nada sin punto alguno de apoyo que le venga de otra parte, y cree que así, a partir de esta propia proyección, de este modelo que él mismo se ha trazado, el hombre puede seguir trabajando por perfeccionarlo y desarrollarlo.

Ya vemos que esto no es sino un psicoanálisis ontologizado, una ontologización de la teoría psicoanalítica del superyo. Lo que el psicoanálisis afirma es ni más ni menos lo siguiente: *El yo se saca a sí mismo de la ciénaga del ello asiéndose al mechón del superyo.*

En realidad, Dios no es una «imagen del padre», sino el padre de una imagen de Dios. Para nosotros no es el padre el prototipo o imagen ideal de toda divinidad, sino más bien exactamente lo contrario: Dios es el prototipo de toda «paternidad». El padre sólo es el primero ontogenética, biológica y biográficamente; pero Dios es el primero ontológicamente. Así pues, psicológicamente la relación hijo-padre es, sí, anterior a la relación hombre-Dios, pero ontológicamente la primera no es modelo para la segunda, sino al revés. Considerando las cosas ontológicamente, mi padre carnal, que me ha engendrado, es el primer representante, en cierta manera sólo casual, de Aquel que lo ha engendrado todo; desde el mismo punto de vista ontológico, mi creador natural es pues únicamente el primer símbolo, y de algún modo también la imagen, del Creador sobrenatural de toda naturaleza[2].

---

2. Cf. la declaración espontánea de un paciente: «Al haberme visto privado del Padre divino, me puse a buscar cielos de repuesto, y así llegué a sentir esta fuerte nostalgia por mi padre carnal –¡a quien nunca conocí!– y este apego que ahora tengo por mi madre muerta». Y en otra ocasión: «La nostalgia de Dios, mi ansia de penetrar en el campo de fuerzas divino, es en mí algo *primario*».

VI

RELIGIOSIDAD INCONSCIENTE

Si en vez de observar únicamente los resultados obtenidos en los últimos capítulos los relacionamos con otros resultados anteriores derivados del análisis existencial, se vislumbra como un proceso en tres etapas, que jalonan la dirección en que van desarrollándose nuestras investigaciones:

Partieron éstas del hecho fenomenológico primario del ser hombre como ser consciente y ser responsable o, dicho de otro modo, de la síntesis o «potenciación» de ambas cosas en la conciencia de responsabilidad, en el ser consciente del tener responsabilidad.

En una segunda fase, el análisis existencial se internó en el campo de la espiritualidad inconsciente; al añadir con su logoterapia lo espiritual a lo psíquico –hasta entonces único objeto, esto último, de la psicoterapia–, aprendió y enseñó a ver lo espiritual también dentro del inconsciente, algo así como un *logos* inconsciente: Al ello como inconsciente impulsivo vino a sumarse como nuevo hallazgo el inconsciente espiritual. Con esta espiritualidad inconsciente del hombre, que calificábamos de enteramente «yoificada», venimos a descubrir aquella profundidad inconsciente en que precisamente tienen lugar las grandes y existencialmente auténticas decisiones; de aquí, por fin, deducíamos ni más ni menos que esto, a saber, que además de la conciencia de responsabilidad o, si se prefiere, de la responsabilidad consciente tenía que haber por fuerza algo así como una responsabilidad inconsciente.

Con el descubrimiento del inconsciente espiritual el análisis existencial escapa, ya lo hemos visto, al peligro propio del psicoanálisis, que consistía en «elloificar» y «desyoificar» el inconsciente. Pero además evita otro peligro que quizá, podríamos decir, le toca más de cerca: Al reconocer el inconsciente espiritual, sale al paso de toda posible intelectualización y racionalización unilateral respecto a la esencia del hombre. El hombre no se le presenta ya como un ser exclusivamente racional, es decir, como un ser que ha de entenderse exclusivamente a partir de la «razón» teórica o «práctica».

Ahora bien, en una tercera etapa de su desarrollo el análisis existencial descubre dentro de la espiritualidad inconsciente del hombre algo así como una religiosidad inconsciente en el sentido de un estado inconsciente de relación a Dios, que aparece como una relación a lo trascendental inmanente al propio hombre, aunque a menudo latente en él. De este modo, mientras que con el descubrimiento de la espiritualidad inconsciente aparece el yo (lo espiritual) detrás del ello (el inconsciente), con el descubrimiento de la religiosidad inconsciente se hace visible todavía detrás del yo inmanente el tú trascendente. Si antes el yo se nos mostraba como pudiendo ser «también inconsciente» o el inconsciente como algo «también espiritual», ahora este inconsciente espiritual se descubre como algo «también trascendente».

Esta especie de «fe» inconsciente en el hombre, que aquí se nos revela —y que viene englobada e incluida en el concepto de su «inconsciente trascendental»–, significaría que hay siempre en nosotros una tendencia inconsciente hacia Dios[1], es decir, una relación inconsciente pero intencional a Dios. Y precisamente por ello hablamos de la presencia ignorada de Dios.

Y si llegamos a hablar de «Dios inconsciente» no quiere decir que Dios en sí mismo y por sí mismo sea inconsciente; más bien significa que Dios a veces *nos* es inconsciente, que nuestra relación con él puede ser inconsciente, es decir, reprimida y por tanto oculta para nosotros mismos[2].

Ya en los salmos se alude al «Dios oculto», y en la antigüedad helenística existía un altar consagrado «al Dios desconocido». Nuestra fórmula «Dios inconsciente» vendría pues a significar la relación escondida del hombre a Dios, a su vez escondido.

En el modo de entender dicha fórmula, sin embargo, es menester precaverse contra tres tipos posibles de desviación. En primer lugar, sería erróneo entenderla en sentido panteísta; nada más lejos de nuestra intención, en efecto, que afirmar que el inconsciente o incluso el ello pueda ser divino. Por más que se haya demostrado que el inconsciente encierra un algo «también espiritual» y asimismo una religiosidad inconsciente, jamás podría esto servir de excusa para rodear el propio inconsciente con el nimbo de lo divino. El que exista en nosotros una relación inconsciente a Dios en ningún modo significa que Dios esté «en nosotros», que «viva» inconscientemente dentro de nosotros mismos. Todo esto no pasaría

---

1. *Tibi loquitur cor meum.*

2. Cf. la declaración literal de uno de mis pacientes: «Los hombres, por supuesto y sin duda alguna, están ligados a la naturaleza y a Dios; sólo que no lo saben».

de ser tesis de una teología de aficionados.

Pero también sería posible una segunda desviación: Nuestra tesis del «Dios inconsciente» podría interpretarse falsamente, por ejemplo, en un sentido ocultista; la paradoja que encierra acerca de un «conocimiento inconsciente» de Dios desembocaría así en el aserto de una omnisciencia del inconsciente, o al menos en creer que el inconsciente sabría a este respecto más que uno mismo; se daría por sentado que el ello sabe más que yo. Sin embargo, como ya lo hemos dicho, el inconsciente no sólo no es divino, sino que tampoco se le puede atribuir ningún atributo divino, en este caso la omnisciencia. De la misma manera, pues, que designábamos la primera desviación como propia de una teología de aficionados, diríamos que esta segunda pertenece a una metafísica «cortocircuitada», es decir, irreflexiva y de cortos alcances.

Ninguna ciencia puede entenderse o juzgarse a sí misma sin salir y elevarse por encima de sí misma. Y ninguna ciencia tampoco, como óntica que es, puede juzgar sus resultados y prever las consecuencias de éstos sin abandonar su propio terreno, el terreno óntico, y someterse a una verificación ontológica. Repetidas veces nos hemos visto también nosotros obligados a traspasar las fronteras del campo estrictamente científico para confrontar los resultados científicos con las expectativas ontológicas. Pero por esto mismo ha de ser para nosotros aún más importante seguir pisando tierra firme, un suelo empírico, para no caer precisamente en eso que llamábamos metafísica «cortocircuitada» o teología de aficionados. Más bien creemos que nuestra tarea consiste en tomar como punto de partida los simples hechos de la experiencia y valorarlos a continuación científicamente con los métodos acostumbrados. Así es como tratábamos también de utilizar el método clásico de la asociación espontánea para nuestra propia interpretación de sueños. Sólo que en este caso era preciso situar los hechos fenomenológicos en el justo puesto que les correspondía como a tales, y nada más. Estos hechos eran de una realidad tan sólida que nos tuvimos que negar a someterlos a toda costa a una ulterior reducción analítica. Nos referimos aquí en primer lugar, naturalmente, a tantos sueños manifiestamente religiosos que se dan en personas abiertamente irreligiosas; en especial nos encontrábamos en tales casos con un sentimiento extático de dicha nunca experimentado en estado de vigilia, sentimiento que, si hemos de seguir siendo sinceros, en ningún caso podemos ya simplemente remitir a otro sentimiento de felicidad sexual subyacente, como se ha pretendido[3].

Pero hemos hablado también de otra posible desviación, la tercera y más importante: No insistiremos nunca con bastante firmeza en nuestra explicación de que el inconsciente no sólo no es divino y ni siquiera omnisciente, sino que, en la medida en que encierra una relación inconsciente a Dios, no es un algo por sí mismo, no es un ello independiente.

Este fue el gran error de C.G. Jung, pues aunque sin duda alguna tenga este investigador el mérito de haber visto dentro del inconsciente también el elemento religioso, cometió sin embargo el error fundamental de «elloificar» la religiosidad inconsciente, es decir, de dar a la presencia ignorada de una falsa localización. Jung situó la religiosidad inconsciente en el ello, la asignó al ello; en su modo de ver las cosas, el yo no es, por así de-

---

3. Cf. la declaración de nuestro paciente: «En sueños a menudo se apoderaba de mí un llanto liberador y conciliador que nunca había experimentado estando despierto».

cirlo, responsable de lo religioso, lo religioso está fuera de la competencia del yo, no entra en la responsabilidad y en la decisión del yo.

Según Jung, hay en mí un algo, un «ello», religioso, no es que «yo» sea religioso; «ello», ese algo, me impulsa por tanto hacia Dios, no soy yo quien se decide por Dios.

En Jung, en efecto, la religiosidad inconsciente está ligada a arquetipos religiosos y por ende a elementos del inconsciente arcaico o colectivo. De hecho la religiosidad inconsciente se halla muy lejos de representar para Jung una decisión personal del hombre; más bien es un suceso colectivo, típico, incluso arquetípico en el hombre. Nosotros, por el contrario, opinamos que precisamente la religiosidad no podría originarse en ningún inconsciente colectivo, por pertenecer a las decisiones personales, mejor, a las más personales y propias del yo; estas decisiones pueden muy bien ser inconscientes, pero, como ya lo hemos demostrado hace tiempo, no por eso han de pertenecer forzosamente a la esfera de los impulsos del ello.

Sin embargo, para Jung y su escuela la religiosidad inconsciente es algo esencialmente impulsivo; más aún, H. Bänziger[4] declara rotundamente: «Podemos hablar de un instinto o *impulso religioso* como hablamos de un impulso sexual o agresivo» (¡subrayado en el original!). Mas nosotros preguntamos: ¿Qué clase de religiosidad sería ésta, a la que el yo se vería impulsado precisamente de la misma manera que a la sexualidad?

¡De mucho nos serviría una religiosidad que habríamos de agradecer a un «impulso religioso»! La verdadera y auténtica religiosidad no tiene carácter impulsivo,

---

4. «Schweizerische Zeitschrift für Psychologie» VI, 4 (1947), p. 281-282.

sino decisivo; la religiosidad permanece con su carácter decisivo y deja de ser tal si se asimila a la impulsividad. Porque la religiosidad o es existencial o no es en absoluto.

Para Jung, no obstante, lo mismo que para Freud, el inconsciente y por tanto también el inconsciente «religioso» es un algo que determina a la persona. En cambio para nosotros la religiosidad inconsciente, y de modo general todo el inconsciente espiritual, es un ser inconsciente que decide, y no un ser impulsado a partir del inconsciente; para nosotros, repetimos, el inconsciente espiritual y muy en particular la religiosidad inconsciente, es decir el «inconsciente trascendental», no es un inconsciente determinante, sino existente.

Como tal pertenece en todo caso a la existencia espiritual (inconsciente), y no a la facticidad psicofísica. Jung empero entiende «por arquetipos una cualidad o condición estructural propia de la psiquis que a su vez está ligada de algún modo al cerebro»[5]. Así la religiosidad se convierte por completo en algo perteneciente a lo «psicofísico» humano, siendo así que en realidad pertenece al portador de eso «psicofísico», es decir, a la persona espiritual. Para Jung los arquetipos religiosos no son sino imágenes impersonales de un inconsciente colectivo, las cuales vienen a encontrarse ya más o menos concretadas en el inconsciente individual precisamente como hechos psicológicos, o sea formando parte de la facticidad psicofísica; y a partir de aquí invaden arbitrariamente, cuando no forzosamente, nuestra persona, instalándose como si dijéramos por encima de ella. Nosotros pensamos en cambio que la religiosidad inconsciente emerge del centro del hombre, de

---

5. C.G. JUNG, *Psychologie und Religion.*

la persona misma (y en este sentido verdaderamente «ex-siste»), en cuanto que en la profundidad de la persona, en el inconsciente espiritual, no se queda en estado latente como religiosidad reprimida.

Por el hecho mismo de reconocer a la religiosidad inconsciente su carácter espiritual existencial en lugar de atribuirla a la facticidad psicofísica, nos es también imposible, naturalmente, considerarla como algo innato. A nuestro juicio la religiosidad no puede ser innata al no estar encadenada a lo biológico. Con ello en modo alguno pretendemos negar que toda religiosidad se mueva siempre dentro de ciertas líneas y ciertos esquemas formados de antemano; pero tales esquemas no son arquetipos innatos o congénitos, sino las correspondientes formas confesionales ya existentes en que se vierte dicha religiosidad. Así pues, no podemos dejar de admitir que existen y están disponibles esas formas ya hechas, pero estas protoimágenes religiosas no son en manera alguna arquetipos latentes en nosotros, que se nos transmiten de modo biológico, sino imágenes recibidas por tradición de nuestro correspondiente medio religioso. Este mundo de imágenes no es por consiguiente innato en nosotros, sino que somos nosotros los nacidos en él.

De ningún modo, pues, negamos que el hombre se encuentra ya con algo por donde canalizar su religiosidad, con algo tácticamente preexistente que hará suyo de manera existencial. Mas esto que hemos encontrado, estas imágenes primeras, no son arquetipos cualesquiera, sino que son las plegarias de nuestros padres, los ritos de nuestras iglesias, las revelaciones de nuestros profetas y los ejemplos de nuestros santos.

Hay suficientes de estas tradiciones a nuestra disposición, nadie tiene necesidad de inventarse primero a Dios; pero nadie tampoco lo trae ya consigo en forma de arquetipos innatos. La auténtica y primordial religiosidad no tiene por tanto absolutamente nada que ver con una religiosidad arcaica y, en este sentido, primitiva. De otra cosa se trata, como es natural, cuando a menudo observamos que esta religiosidad primordial ya existente en el origen y luego reprimida en muchos hombres es ingenua: ingenua en el sentido de una fe de tipo infantil. En efecto, *en la medida en que la religiosidad inconsciente está reprimida sólo puede esperarse que allí donde no está del todo cegada, donde sobresale, aparezca adherida todavía a las vivencias de la infancia.* De hecho, al ir el análisis existencial en busca de esta religiosidad que se mantiene reprimida y remontarse a sus antecedentes, llevando así a cabo una verdadera «an-amnesis» en el auténtico sentido de la palabra, vemos cómo una y otra vez saca a luz una especie de fe inconsciente que en su sentido más propio y verdadero hemos de llamar infantil. Pero por más que sea infantil, y en este sentido ingenua, de ningún modo puede calificarse de primitiva o arcaica con el significado que a estos términos atribuye Jung. Nada hay en ella, según lo demuestra el resultado de un análisis imparcial, de esa mitología arcaizante con la que nos topamos en las interpretaciones de la escuela de Jung; al contrario, dichas vivencias religiosas inconscientes, tal como aparecen a veces en el análisis existencial, se ajustan perfectamente a las antiguas y añoradas imágenes de la época infantil.

El análisis existencial nos sitúa, pues, en posiciones que hace tiempo han superado ya las del psicoanálisis. Hoy no le damos ya más vueltas al problema del «futuro de una ilusión», sino que con mucha más razón nos preocupamos de la eternidad de una realidad, de la eternidad y actualidad, mejor aún, omnipresencia, de esa realidad que constituye, como se nos ha puesto de manifiesto, la religiosidad del hombre: una realidad en el sentido empírico más estricto; realidad, lo repetimos, que también puede permanecer o hacerse inconsciente, e igualmente ser reprimida. Precisamente en estos casos la tarea del análisis existencial consiste en actualizar o volver a actualizar esta realidad espiritual inconsciente, pero siempre presente. El análisis existencial debe efectivamente ir hasta el fondo del modo de ser neurótico, investigar su última causa alegable; y no pocas veces dicha causa del modo de existir neurótico apunta al hecho de que el hombre neurótico acusa una deficiencia: su relación a la trascendencia se halla perturbada. Esta su dimensión trascendental está reprimida. Pero desde lo recóndito de este «inconsciente trascendental» emerge de cuando en cuando la trascendencia reprimida en forma de una «inquietud del corazón»[6], que en ocasiones puede asimismo muy bien dar lugar a evidentes síntomas neuróticos, es decir, que dicha inquietud puede manifestarse en forma de una neurosis. En este sentido vale para la religiosidad inconsciente lo que puede decirse de todo lo inconsciente en general, a saber, que puede ser patógeno. También la religiosidad reprimida puede ser una religiosidad «desdichadamente reprimida»[7].

Asimismo esto es válido desde un punto de vista rigurosamente clínico. Veamos el ejemplo de un paciente con una grave neurosis obsesiva que duraba en él desde hacía décadas y había resistido a reiterados y largos intentos de tratamiento psicoanalítico. El centro de sus temores

6. Cf. por ejemplo el caso de neurosis cardíaca aducido en mi libro: *Ärztliche Seelsorge*, Viena 1971, p. 175-176; versión castellana: *Psicoanálisis y existencialismo*, Fondo de Cultura Económica, México.

7. Cf. la declaración de uno de mis enfermos: «Yo soy la prueba médica de que no se puede vivir sin Dios».

neurótico-obsesivos lo constituía la fobia de que tales o cuales actos suyos podrían ser causa de que su difunta madre o hermana «se condenaran». Por este motivo nuestro paciente no quiso, por ejemplo, entrar a trabajar en la administración pública, ya que hubiese tenido que prestar el juramento exigido por el Estado; ahora bien, en alguna ocasión podría suceder que lo llegara a quebrantar, aun en grado mínimo, y entonces pensaba que se condenarían su madre y su hermana. Tampoco se atrevió nuestro paciente a contraer matrimonio, sólo por el hecho de tener que dar el «sí» en la boda y porque, si luego alguna vez fuera infiel a este «sí», con ello arrastraría a sus parientes difuntos a la condenación. Y recientemente también, según contaba, había dejado de comprarse un aparato de radio porque en aquel momento le sobrevino el mismo pensamiento obsesivo, a saber, que si no lograba entender por completo cierto detalle técnico su madre y hermana serían condenadas en el más allá.

Ante tal abundancia de elementos imaginativos de tipo religioso, si bien en estado latente, preguntamos a nuestro paciente por su vida religiosa, es decir, su actitud frente a las cuestiones religiosas. En respuesta se nos declaró decididamente «librepensador» y «seguidor de Haeckel». Todo esto lo dijo haciendo además resaltar orgullosamente lo mucho que a ello había contribuido su conocimiento de la física moderna; por ejemplo, declaró dominar perfectamente la teoría electrónica. A la pregunta de si se consideraba versado en cuestiones religiosas, admitió que las conocía bien, pero añadió que «conocía su devocionario como el criminal conoce las leyes», o sea que conocía la religión sin confesarla o profesarla en manera alguna. «¿Luego es usted incrédulo?», seguimos preguntándole; a lo que contestó: «¿Quién puede decir eso de sí mismo? Ciertamente, con la razón soy incrédulo, aunque con el sentimiento puede ser que crea a pesar de todo. Con la razón, en todo caso, no creo en nada sino en un determinismo sometido a las leyes naturales, y no en un Dios que premia y castiga». Hagamos notar que la misma persona que pronunciaba estas palabras nos declaraba poco antes, refiriéndose a una de sus perturbaciones en la capacidad de actuar: «En aquel instante me vino la obsesión de que Dios podría vengarse de mí».

Cuando Freud dice: «La religión es la neurosis obsesiva común al género humano; como en el caso del niño, proviene igualmente del complejo de Edipo, de la relación al padre»[8], nosotros, ante un ejemplo como el que acabamos de describir, nos sentimos tentados a dar la vuelta a esas palabras, atreviéndonos más bien a afirmar: La neurosis obsesiva es la religiosidad psíquicamente enferma.

Cuando la fe se atrofia, parece como que se deforma o desfigura. ¿Acaso no hemos visto también en el terreno cultural, es decir, no sólo a escala individual sino social, cómo la fe reprimida degenera en superstición? ¿Y que esto ocurre doquiera que el sentimiento religioso es víctima de una represión, ya por parte de una razón absoluta y despótica, ya por una razón o inteligencia tecnicista?[9]. En este sentido, muchas cosas en la situación cultural de nuestro tiempo nos merecerían, en efecto, el calificativo de «neurosis obsesiva común al género humano», por

---

8. «El futuro de una ilusión».

9. Goethe decía: «Quien posee arte y ciencia tiene también religión». Hoy sabemos demasiado bien adonde iría a parar la humanidad si sólo poseyera, por ejemplo, ciencia *y nada más*; con toda probabilidad acabaría quedándoles a los hombres una sola cosa de toda su «pura ciencia»: bombas atómicas.

emplear los términos de Freud; muchas, decimos, excepto una: precisamente la religión.

De las neurosis obsesivas a nivel no colectivo, sino individual, e incluso de toda neurosis pura y simplemente, puede en no pocos casos decirse esto: En la existencia neurótica se venga de sí misma la deficiencia de su trascendencia.

VII

PSICOTERAPIA Y RELIGIÓN

Para concluir, queremos ahora preguntarnos qué relación inmediata puede existir entre todas las cuestiones abordadas y la práctica o investigación médicas. A decir verdad, al médico como tal, es decir profesionalmente, no le interesan las cuestiones religiosas. Cuando estas surgen de alguna manera, está obligado como médico a observar una tolerancia sin reservas.

Por lo que respecta al médico personalmente creyente, podemos decir que a él también se le aplica la misma obligación a la tolerancia, lo cual no significa, ni mucho menos, que se desinterese de la religiosidad o irreligiosidad de su paciente; si no como a médico, en su condición de hombre y de creyente le han de interesar muchísimo cosas como ésta. Pero tampoco hemos de olvidar que, al menos tanto como la religiosidad misma de su enfermo, a este médico ha de interesarle la espontaneidad de dicha religiosidad. En otras palabras, habrá de tener sumo interés en que esta religiosidad acabe por manifestarse espontáneamente. Por ello aguardará con calma hasta que se produzca tal manifestación. Esto le será tanto más fácil cuanto que él mismo, como hombre religioso, se halla ya de antemano persuadido de que existe una religiosidad latente aun en las personas declaradamente irreligiosas. Efectivamente, el médico con fe no sólo se limita a creer en su Dios, sino que juntamente cree también, en la fe inconsciente del enfermo; no sólo tiene plena conciencia de su propia fe en Dios, sino que al mismo tiempo cree en Él como «Dios inconsciente» en su enfermo, aun cuando sabe que en este último «todavía no» ha llegado a ser consciente.

La religiosidad, como ya lo hemos dicho anteriormente, sólo es auténtica allí donde es existencial, es decir, allí donde el hombre no es de algún modo impulsado a ella, sino que él mismo se decide por ella. Ahora vemos que a este momento de la existencialidad viene a sumarse un segundo momento, el de la espontaneidad: La verdadera religiosidad, puesto que es existencial, ha de llegar también a un punto en que brote espontáneamente. Jamás un hombre ha de ser apremiado a ello. Podemos pues afirmar lo siguiente: *A una auténtica religiosidad el hombre no puede ni ser impulsado por un Ello ni apremiado por un médico.*

Ya Freud, que en casos parecidos hablaba, como es sabido, de «dos tipos de conciencia», señalaba que el efecto terapéutico del hacerse conscientes contenidos inconscientes corría parejas con la espontaneidad de dicho paso. Lo mismo sucede con la religiosidad; y así como en los complejos reprimidos sólo se logra la curación si se llegan a hacer conscientes espontáneamente, así también en el caso de la religiosidad inconsciente sólo puede uno curarse si consigue que ésta brote con espontaneidad.

Toda manipulación programada fallaría aquí, y aun cualquier intencionalidad de alguna manera consciente podría hacer abortar el efecto pretendido. Incluso los sacerdotes conocen bien todas estas cosas, y ni siquiera ellos estarían dispuestos a renunciar a la espontaneidad de toda verdadera religiosidad. A este propósito recordamos una conferencia en que cierto sacerdote nos contaba cómo un día fue llamado a atender a un moribundo cuya incredulidad le era ya conocida. Viéndose a las puertas de la muerte, el hombre sentía sencillamente la necesidad de desahogarse y hablar a fondo, y para esto había elegido al sacerdote. Este último nos declaró que a pesar de todo no quiso ofrecerle los últimos sacramentos, simplemente porque el moribundo no se los pidió espontáneamente. Así vemos cómo hasta un sacerdote concede valor a tal espontaneidad.

¿Habremos de ser los médicos «más papistas que el papa», es decir, más sacerdotales que los propios sacerdotes? ¿No deberíamos por el contrario respetar, al menos tanto como los sacerdotes, la libre decisión de los hombres confiados a nosotros y de los enfermos que se ponen en nuestras manos, especialmente, en lo que toca a sus inquietudes religiosas?

Recientemente se han dejado oír voces que pretenden que en este terreno el psicoterapeuta llega incluso a superar al sacerdote. Esto no es en nuestra opinión sino un orgullo fuera de tono. En efecto, *hemos de distinguir estrictamente entre lo que es función médica y misión sacerdotal*. Y así como el médico no creyente ha de respetar y dejar en el paciente lo que éste ya tiene, a saber, su fe, así también el médico creyente ha de dejar al sacerdote lo que le es propio: su ministerio.

Del neurótico obsesivo-compulsivo hemos dicho en otra parte que se ve impelido como por una fuerza férrea a «asegurarse al ciento por ciento», ya que busca un conocimiento previo y un resultado del ciento por ciento en sus decisiones; se encuentra como hechizado, decíamos, por la promesa de la Serpiente: «eritis sicut Deus, scientes bonum et malum» (de hecho, el orgullo del neurótico obsesivo-compulsivo se sitúa precisamente en este querer salirse y pasar por encima de su condición de criatura, y no en su escrupulosidad, esa «hiperacusis» de la conciencia donde él mismo lo sitúa falsamente). En cuanto a los psicoterapeutas que, usurpando las funciones del sacerdote, pretenden arrogantemente hacer como éste, podríamos decir de ellos que quieren ser «sicut pastores, demonstrantes bonum et malum».

Así como hemos afirmado de la logoterapia que ni puede ni desea sustituir a la psicoterapia, sino sólo completarla, de la misma manera hemos puesto en claro ya desde un principio que nada está más lejos de la «cura de almas» médica que la pretensión de sustituirse a la cura de almas sacerdotal.

El deber de airear frente a un enfermo creyente puntos de vista religiosos no lo tiene jamás el médico como médico, sino sólo como creyente que habla a otro creyente. Y en segundo lugar: El derecho de hacerlo lo tiene asimismo sólo en cuanto que él es creyente, pues un médico arreligioso en ningún caso estaría en el derecho de utilizar la religión con fines terapéuticos, como si se tratara de uno de tantos remedios útiles. Esto sería degradar la religión, convertirla en algo justo lo bastante bueno como para servir de medicina.

Por más que la religión pudiera tener efectos psicoterapéuticos eficaces, su motivo primario no es en absoluto psicoterapéutico. Y aun cuando, siquiera secundariamente, actuase favorablemente en cosas como la salud o el equilibrio psíquicos, su fin no es una curación, sino la salvación del alma. La religión no es ningún seguro con vistas a una vida tranquila, a una ausencia de conflictos en lo posible o a cualquier otra finalidad psicohigiénica. La religión da al hombre más que la psicoterapia... y exige también más de él. *Toda interferencia mutua entre estos dos campos, que de hecho pueden llevar a los mismos efectos, ha de evitarse absolutamente cuando la intención respectiva es ajena a la del terreno en que nos movemos.*

En el sentido de esta exigencia debemos por tanto oponernos a todo intento de traspasar los límites de la cura de almas médica irrumpiendo en la sacerdotal, y de renunciar a la autonomía de la psicoterapia como ciencia y a su independencia frente a la religión, de manera que no la vengamos a considerar como *ancilla theologiae.*

Del mismo modo que la dignidad del hombre se funda en su libertad, una libertad que llega hasta el no, es decir, hasta el punto en que el hombre puede incluso decidirse a cerrar sus puertas a Dios, así también la dignidad de la ciencia descansa en esa libertad incondicional que garantiza a la investigación su propia independencia; si la libertad humana está garantizada hasta el no, también la libertad de investigación ha de garantizarse aun a riesgo de que sus resultados puedan llegar a estar en contradicción con la verdad de fe. Porque sólo de esta investigación militante puede surgir el triunfo consistente en una ordenación incontestable de sus resultados dentro de la verdad de fe, que los sitúa en un orden superior.

Al hablar de «dignidad», ya refiriéndonos a la dignidad del hombre o a la de la investigación, podríamos definirla como «el valor en sí mismo», en contraposición al valor útil como «valor para mí». Y así podemos ahora decir que quien trata de hacer de la psicoterapia una «sierva de la teología», reducirla a esta condición de «criada», no sólo la priva junto con la libertad de investigación de la dignidad de una ciencia autónoma, sino también a la vez del posible valor útil que para la religión pueda tener. La psicoterapia, en efecto, únicamente puede tener tal valor *per effectum*, y nunca *per intentionem*. Si alguna vez sirve a la religión, ya sea en los resultados de su investigación empírica, ya en los efectos psicoterapéuticos de su tratamiento, sólo podrá hacerlo si ella misma no se mueve por un camino ya trazado y obligatorio, si no se ha fijado ya sus metas de antemano; porque en el terreno científico sólo son útiles a la teología los resultados imparciales y objetivos de una investigación independiente.

Y si alguna vez la psicoterapia llega por su lado a probar que el alma humana es lo que creemos que es: *anima naturaliter religiosa*, lo habrá conseguido únicamente actuando como *scientia naturaliter irreligiosa*, es decir, como ciencia no ligada a la religión «por naturaleza», sino pura y simplemente como ciencia autónoma que es y quiere seguir siendo.

Cuanto menos se aplique la psicoterapia a convertirse en «servidora de la teología», tanto mayores serán los servicios que de hecho podrá prestar a esta última.

No es menester, en efecto, ser sierva para poder servir.

SUPLEMENTO
A LA TERCERA EDICIÓN ALEMANA

I

LOGOTERAPIA Y TEOLOGÍA

La religión es un fenómeno en el hombre, en el paciente, un fenómeno entre otros fenómenos con los que se encuentra la logoterapia; en principio la existencia religiosa y la no religiosa son para la logoterapia fenómenos coexistentes, y la logoterapia tiene el deber de observar frente a ellos una actitud neutral. La logoterapia es una orientación determinada de la psicoterapia y por consiguiente, al menos según las leyes vigentes en Austria, sólo puede ser ejercida por médicos. Así pues la logoterapia, aunque no fuera por otra razón que la de haber pronunciado como médico el juramento hipocrático, ha de cuidarse de que su técnica y método logoterapéutico sean aplicables a todos sus enfermos, creyentes o no creyentes, y por cualquier médico sin que a ello obste su ideología personal. Dicho de otra manera, para la logoterapia la religión puede ser solamente un objeto, y no un «lugar» o posición. De acuerdo con esta determinación del lugar de la logoterapia dentro de la medicina, nos ocuparemos ahora de su delimitación con respecto a la teología, delimitación que a grandes rasgos podría bosquejarse como sigue.

El fin perseguido por la psicoterapia es la curación

psíquica, el fin de la religión consiste en la salud (o salvación) del alma. Cuán distintos sean uno del otro estos dos fines podría deducirse del hecho de que el sacerdote en ciertos casos luchará por la «salud» del alma de su creyente, aun exponiéndose conscientemente a aumentar en éste las tensiones emocionales, y no hará nada por evitárselas, ya que primariamente y ante todo al sacerdote no le mueve motivo alguno psicohigiénico; la religión es algo más que un simple medio de evitar a la gente úlceras de estómago psicosomáticas, como observaba en broma un padre jesuita estadounidense. Ahora bien, por más que la religión sea, según su intencionalidad primordial, ajena a toda curación o profilaxis de tipo médico, sucede que en sus resultados –y no según su intención– produce efectos psicohigiénicos e incluso psicoterapéuticos, al originar en el hombre un sentimiento de alivio y anclarle en algo que no ha podido hallar en otra parte, a saber, en la trascendencia, en el

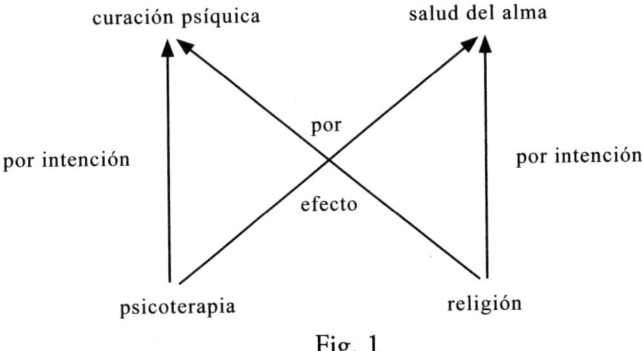

Fig. 1

De Viktor E. Frankl, *Der Mensch auf der Suche nach Sinn*, Friburgo en Brisgovia 1972, p. 73.

Absoluto. Por otra parte, también en la psicoterapia podemos ver que se da a veces, sin haberlo pretendido, un efecto secundario análogo al que acabamos de describir, cuando en ciertos casos particulares el paciente, en el curso de su tratamiento, se remonta a las fuentes, durante mucho tiempo cegadas y escondidas, de una fe primordial, inconsciente y reprimida. Mas cuando esto ocurre, nunca puede legitimarse en una búsqueda intencional del médico, a menos que éste se haya situado como creyente en el mismo terreno confesional que su paciente y establecido con él una especie de unión a nivel personal. En tal caso, sin embargo, ya desde un principio no ha tratado a su paciente como médico.

Queda claro que esto no significa que los respectivos fines de la psicoterapia y de la religión se sitúen en el mismo plano esencial. Más bien habrá que decir que el nivel de la salud psíquica (*seelische Gesundheit*, salud en sentido médico) está a una altura distinta del de la salud o salvación del alma (*Seelenheil*). La dimensión en que avanza el hombre religioso es por tanto superior, tiene una mayor amplitud que la dimensión en que se desenvuelve algo como la psicoterapia. La irrupción de una dimensión en la otra más elevada no se da en un conocimiento, en un saber, sino en la fe.

Para determinar la relación de la dimensión humana a la divina, es decir ultrahumana, nos puede ser útil el símil matemático de la sección áurea, según el cual la parte más pequeña está en relación a la más grande como esta última lo está respecto al todo. ¿Acaso no sucede algo análogo con la relación del animal al hombre y del hombre a Dios? Como es sabido, el mundo del animal es un «mundo ambiental» (*Umwelt*), mientras que el hombre, como dice Max Scheler, «tiene mundo» (*Welt*); ahora bien, este mundo humano está en relación a un «ultramundo» (*Überwelt*) de la misma manera que el mundo del animal lo está al mundo de los hombres. Esto quiere decir que, así como el animal no puede estar en condiciones de entender al hombre y el mundo de este último a partir de su propio mundo ambiental, tampoco es posible que el hombre llegue a hacerse una idea clara de ese ultramundo, es decir, a comprender a Dios o a penetrar en sus designios.

Tomemos como ejemplo el caso de un simio al que han puesto una inyección dolorosa con el fin de experimentar un suero. ¿Podrá el animal comprender por qué sufre? A partir de su propio mundo no está en condiciones de seguir los razonamientos del hombre que experimenta con él; porque el mundo humano, un mundo «de sentido», no le es accesible, no está a su alcance, se halla en una dimensión que le es totalmente ajena. ¿No habremos, pues, de aceptar que el mundo humano es a su vez superado por otro mundo a él inaccesible, cuyo sentido, o mejor, ultrasentido es lo único que precisamente podría hacer comprender al hombre el sentido de su sufrimiento?

La psicoterapia, por consiguiente, ha de moverse «en el plano de acá» con respecto a la fe revelada, pues el reconocimiento de la revelación como tal presupone ya una decisión de fe. Sería por tanto del todo improcedente sugerir a un incrédulo que existe una revelación, porque si así lo admitiera sería ya creyente.

Ahora bien, aun cuando la religión sea para la logoterapia «sólo» un objeto, como hemos dicho al principio, no por esto ha de dejar de interesarle en grado sumo, y ello por una sencilla razón: Para la logoterapia, *logos* es equivalente a «sentido». Efectivamente, la existencia humana sale de sí misma en cuanto que apunta a un sentido. Así, el ser humano en su existir no va tanto en pos de placeres o de poder, m siquiera de una plena realización de sí mismo, como de llenar su vida de sentido. Por eso en la logoterapia hablamos de una «voluntad de sentido».

El sentido es un muro tras el cual no podemos volver hacia atrás; más bien hemos de aceptarlo sin condiciones. Hemos de aceptar este sentido último porque más allá de él no es posible seguir preguntando, y esto no es posible porque al tratar de responder a la pregunta por el sentido del ser nos encontramos siempre con el «ser del sentido» ya presupuesto. En una palabra, la fe del hombre en el sentido es, en términos kantianos, una categoría trascendental. Así como desde Kant sabemos ya lo absurdo de preguntar por categorías como espacio y tiempo, simplemente porque no nos es posible pensar ni por ende preguntar sin presuponer ya dichas categorías, así el ser humano es un ser de por sí ya orientado a un sentido, aunque apenas conozca este último; se trata como si dijéramos de un «preconocimiento» del sentido, y esta especie de premonición constituye la base de lo que llamamos «voluntad de sentido». Lo quiera o no, lo reconozca o no, el hombre cree en un sentido desde que comienza a respirar. Incluso el suicida cree en un sentido, si no de la vida, al menos de la postvida, de la muerte. Si de veras no creyera absolutamente en ningún sentido, ni siquiera sería capaz de mover un dedo o de tomar la determinación de suicidarse.

He visto morir a ateos convencidos, que durante toda su vida se opusieron tajantemente a creer en un Ser superior o algo parecido, en un sentido superior de la vida con alcance dimensional; sin embargo en su lecho de muerte, «en la hora suprema», han dado testimonio de lo que jamás durante décadas hubieran estado en condiciones de anticipar a nadie, a saber, de un sentimiento de seguridad, de descanso sereno, que no sólo se burla de su ideología pasada, sino que tampoco se puede intelectualizar o racionalizar. *De profundis* brota algo, resuena algo, surge una confianza total que no sabe ni a quién se dirige ni en que confía, pero que no obstante contradice todo su saber y todos sus infaustos pronósticos. En la misma llaga pone el dedo Walter v. Baeyer cuando escribe: «Hagamos un alto en las consideraciones y pensamientos manifestados por Plügge. Objetivamente no hay en ellos nada que permita abrigar una esperanza. El enfermo que goza de lucidez debiera comprender que todo lo tiene perdido. Sin embargo sigue esperando, espera hasta el fin. ¿Qué es lo que espera? La esperanza de estos enfermos, que en primera línea puede tratarse de una esperanza ilusoria de curación en este mundo y sólo en un fondo más o menos recóndito deja entrever un sentido trascendental, debe ser inherente a la propia esencia del hombre, que nunca puede estar sin esperanza; apunta sin duda a una consumación futura en la que es razonable y natural creer, aun para el hombre sin dogma»[1].

Cuando la psicoterapia considera el fenómeno de creer no como una fe en Dios, sino de una manera más amplia como fe en un sentido, entonces le es enteramente legítimo ocuparse de este fenómeno. En ese caso lo ve precisamente con los ojos de Albert Einstein, para quien preguntarse por el sentido significa ya tener religión.

Quisiera añadir aquí que también Paul Tillich piensa de modo análogo, como lo prueba al ofrecernos la siguiente definición: «Ser religioso significa preguntarse

---

1. W. von Baeyer, *Psychologie am Krankenbett*, en «Gesundheitsfürsorge - Gesundheitspolitik» 7 (1958), p. 197.

apasionadamente por el sentido de nuestra existencia»[2]. En cualquier caso podría decirse que la logoterapia —que no deja de ser primariamente una psicoterapia y de pertenecer como tal a la psiquiatría, a la medicina— está en su derecho de ocuparse no sólo de la voluntad de sentido, sino también de la voluntad de un *último* sentido, un «ultra sentido», como yo suelo llamarlo, y que la fe religiosa es en último término una fe y una confianza en este ultrasentido.

Claro está que este concepto nuestro de la religión tiene muy poco que ver con estrechas miras confesionales y lo que éstas implican, es decir, con esa miopía religiosa que al parecer ve en Dios a un ser para el que en el fondo sólo cuenta una cosa: que el mayor número posible de hombres crea en él, y ello además en la manera prescrita por una determinada confesión religiosa. Sencillamente no puedo imaginarme a un Dios tan mezquino. Tampoco puedo imaginarme que tenga sentido el que una Iglesia me *exija* creer, ya que yo no puedo *querer* creer, lo mismo que no me es posible querer amar, o sea obligarme a mí mismo a amar, y tampoco puede obligarme a tener esperanza, por ejemplo cuando lo que sé me persuade en sentido contrario. En una palabra, hay cosas que no pueden «quererse» sin más y que, por lo tanto, no pueden condicionarse a una exigencia o una orden. Por citar un ejemplo sencillo: yo no puedo reírme porque me lo manden. Si alguien quiere que yo ría, ha de tratar de conseguirlo contándome un chiste.

De manera análoga sucede con el amor y la fe: no pueden ser manipulados. Como fenómenos intencio-

2. P. TILLICH, *Die verlorene Dimension in der Religion*, en *Abenteuer des Geistes*, Gütersloh 1961, p. 234.

nales que son, se producen cuando surge ante ellos un contenido y objeto adecuado.

En cierta ocasión fui entrevistado por una reportera de la revista norteamericana «Time». Me preguntó si nuestra tendencia natural nos aparta de la religión. Yo le respondí que nuestra tendencia no nos aparta de la religión, y sí en cambio de aquellas confesiones que no parecen tener otra cosa que hacer sino luchar entre ellas logrando así que sus propios fieles acaben por abandonarlas. Siguió preguntándome la periodista si acaso esto significaba que tarde o temprano iríamos todos a parar a una religión *universal*, cosa que yo negué: al contrario, dije, más bien vamos hacia una religiosidad personal, es decir, profundamente personalizada, una religiosidad a partir de la cual cada uno encontrará su lenguaje propio, personal, el más afín a su naturaleza íntima, cuando se torne a Dios.

Ni mucho menos quiere esto decir, por supuesto, que no han de existir rituales y símbolos comunes[3].

---

[3] Augustine Meier (*Frankl's «Will to Meaning» as Measured by the Purpose in Life Test in Relation to Age and Sex Differences*, Dissertation, University of Ottawa, 1973) ha podido comprobar con ayuda de tests y estadísticas que encontrar sentido es posible independientemente de la edad y grado de instrucción de la persona, así como del sexo masculino o femenino; más aún, dicho hallazgo de sentido es independiente de que el sujeto sea religioso o arreligioso; y si profesa una religión, es independiente de la confesión a la que pertenezca. Esto concuerda enteramente con los resultados de la investigación de Leonard Murphy (*Extent of Purpose-in-Life and Four Frankl-proposed Life Objectives*, Dissertation, University of Ottawa, 1967), que asimismo se basan en tests y estadísticas: «people who had chosen God and another person as their life objective did not differ significantly in their scores on the Purpose in Life Test. Both groups found equal meaning for their lives». No a propósito de la fe o incredulidad, sino respecto de los credos confesionales concluye von Meier del modo siguiente: «The inability to find evidence lo show that subjects differ on the Purpose in Life Test scores on the basis of religious differences gives support to Frankl's idea

También existe un gran número de idiomas; sin embargo ¿no utilizan muchos de ellos un alfabeto común? De alguna manera las diferentes religiones se asemejan en su diversidad a las lenguas. Nadie puede decir que su lengua sea superior a las demás, en todas y cada una de ellas puede el hombre acercarse a la verdad, que es una; y en todas ellas puede también equivocarse e incluso mentir. Así también puede servir al hombre de vehículo cualquier religión para llegar a Dios, al único Dios.

that God, as experienced by different religious affiliations, can give equal meaning to subjects».

II

«CURA DE ALMAS» MÉDICA

Un problema aparte lo constituye el saber qué ha de hacerse con los hombres arreligiosos cuando se dirigen al médico en busca anhelante de una respuesta a las preguntas que les agitan interiormente. La consulta del médico ha venido a convertirse en punto de cita de todos aquellos que desesperan de la vida, que dudan que la vida tenga un sentido.

«Lo quiera o no, el médico es llamado hoy a tener que dar consejo en cuestiones de angustia vital ajenas a toda enfermedad», y «no puede evitarse que los hombres angustiados acudan hoy día en mayor número en busca de un consejero experimentado, no al pastor de almas, sino al médico» (H.J. Weitbrecht). Se trata aquí de un papel que el médico es forzado a desempeñar (Karl Jaspers, Alphons Maeder, G.R. Heyer y otros). «Son los pacientes quienes nos ponen ante la tarea de tener que asumir las funciones de un director espiritual» (Gustav Bally). «Con demasiada frecuencia la psicoterapia acaba irremediablemente por desembocar en una cura de almas» (W. Schulte); en efecto, la llamada por Victor v. Gebsattel «emigración de la humanidad occidental del sacerdote al neurólogo» es un hecho que no escapa al propio pastor de almas, y una exigencia a la que no puede sustraerse el neurólogo. «La psicoterapia, aun en ocasiones en que no lo sabe o no lo quiere saber, se convierte muchas veces en una especie de dirección espiritual. A menudo se ve obligada a penetrar en este campo de modo expreso»[4].

La objeción de que la psicoterapia no tiene por misión consolar, aun en los casos en que no puede ya (ella o la medicina en general) conseguir la curación, no puede mantenerse; que el consuelo de los enfermos, y no sólo su curación, entra dentro de la esfera de acción del médico se desprende, y no en último lugar, de la recomendación publicada por la American Medical Association: «El médico debe consolar las almas. En ningún caso es esto misión exclusiva del psiquiatra. Es simplemente tarea de todo médico en ejercicio». Personalmente estoy convencido de que las milenarias palabras de Isaías: «Consolad, consolad a mi pueblo», no sólo siguen siendo actuales en nuestros tiempos, sino que van también dirigidas al médico.

¿Acaso la logoterapia es moralizadora en su práctica? No lo es, y ello por la sencilla razón de que el sentido no puede prescribirse. El médico no puede dar sentido a la vida del paciente. En definitiva el sentido no puede ser dado, sino que hay que encontrarlo, y es el propio paciente quien ha de encontrarlo por sí mismo. A la logoterapia no incumbe juzgar sobre el sentido o la falta de él, sobre valores o ausencia de valores. No fue la logoterapia, sino la serpiente la que en el paraíso prometió a los hombres hacerlos seres «semejantes a Dios, conocedores del bien y del mal».

---

4. A Görres en «Jahrbuch der Psychologie und Psychotherapie» 6 (1958), p. 200.

Podríamos incluso decir que otras escuelas de psicoterapia moralizan mucho más que la logoterapia. Me contentaré con remitir al lector a un artículo aparecido en el «International Journal of Psychoanalysis»[5], en el que F. Gordon Pleune declara: «El médico psicoanalista es ante todo y sobre todo un moralista. Ejerce una influencia sobre la conducta moral y ética de las personas». Y a fin de cuentas fue el mismo Freud quien en una ocasión describió la actuación del psicoterapeuta como «la actuación del maestro, el propagador, el heraldo de una nueva y mejor concepción del mundo»[6]. Aun la llamada *behavior therapy*, que a mi juicio representa una orientación muy sensata y afortunadamente ha contribuido a una desmitologización de la neurosis (como yo denominaría este proceso), tampoco está libre de aspiraciones moralizantes, según lo demuestra L. Krasner cuando escribe: «Al terapeuta le toca decidir lo que está bien o mal en la conducta humana»[7].

Esto no puede hacerlo ni el educador ni el psiquiatra. Y si así ocurre, la moral en su sentido antiguo pronto habrá acabado su papel. Antes o después, efectivamente, acabaremos por no estar ya moralizando, sino ontologizando la moral; el bien y el mal no se definirán ya como algo que debemos o no debemos hacer, sino que nos parecerá bueno lo que ayude a la realización del sentido reclamado y exigido por una existencia, y malo lo que estorbe dicha realización.

El sentido no puede ser dado, sino que ha de ser encontrado. A una lámina de Rorschach se le da un sentido, y en razón de la subjetividad de esta atribución el sujeto

5. 46 (1965), p. 358.
6. A. Görres en «Praxis der Psychotherapie» 14 (1969), p. 184.
7. Citado por D. Großmann en «Psychotherapy» 5 (1968), p. 53.

del test (proyectivo) se «pone de manifiesto»; pero en la vida no se trata de dar sentido, sino de encontrar sentido. La vida no es ningún test de Rorschach, sino un cuadro enigmático. El sentido de la vida no puede idearse, hay que descubrirlo.

Nadie niega que el hombre en ciertas circunstancias no puede comprender el sentido, sino que ha de interpretarlo, lo que ni mucho menos significa que esta interpretación se haga arbitrariamente. En efecto, a cada pregunta corresponde sólo una respuesta, la correcta, y a cada problema sólo una solución, la que vale; así también a cada situación corresponde un solo sentido, que es el único verdadero. En cierta ocasión, durante el coloquio que siguió a una de mis conferencias en los Estados Unidos, me sometieron por escrito una pregunta que rezaba así: «¿Cómo se define 600 en su teoría?». Apenas el moderador de la discusión hubo leído este texto, quiso rechazar la papeleta en que se formulaba la pregunta, y dijo volviéndose hacia mí: Es una tontería sin sentido: "¿Cómo se define 600 en su teoría?". Tomé entonces el papel en la mano, le eché una ojeada y me percaté de la equivocación del director del coloquio (que, dicho sea de paso, era teólogo de profesión); la frase había sido escrita en letras mayúsculas, como de imprenta, y en el original inglés costaba trabajo distinguir entre la palabra GOD (Dios y lo que parecía la cifra 600). Esta ambigüedad dio lugar, pues, a un test proyectivo involuntario cuyos resultados respectivos, en el caso del teólogo y en el mío como psiquiatra, no dejan de ser paradójicos. De todas maneras, en mis clases de la universidad de Viena confronté a los alumnos norteamericanos con el texto original inglés de la citada papeleta, y el resultado fue que 9 de ellos leyeron «600», otros 9 dedujeron «GOD» y, finalmente, 4 vacilaron entre ambas interpretaciones. Lo que yo quisiera hacer resaltar en este ejemplo es el hecho de que dichas interpretaciones no eran equivalentes; más bien una de las dos y ella sola era la exigida y requerida por el texto. El autor de la pregunta intentaba sola y únicamente decir «Dios», y por consiguiente la pregunta sólo fue entendida por aquellos que interpretaron «Dios» (y no se limitaron a «leerla» sin sacar nada en limpio).

El sentido ha de ser encontrado, pero no puede ser producido. Lo que puede ser producido es o un sentido subjetivo, o una simple sensación de sentido o... el absurdo. Así se comprende que el hombre que no es ya capaz de encontrar un sentido a su vida, como tampoco de inventarlo, busque la manera de refugiarse de su creciente sentimiento de falta de sentido ya en el absurdo, ya en un sentido subjetivo. Mientras el primero suele darse en un escenario (¡teatro del absurdo!), el segundo se encuentra en los paraísos artificiales de la droga, especialmente los del tipo producido por el LSD. En este último caso se corre sin embargo el riesgo de pasar por alto el sentido verdadero, los auténticos quehaceres y problemas del mundo real (al contrario de lo que sucede con las vivencias en uno mismo de un sentido meramente subjetivo). Esto siempre me recuerda ciertos animales de laboratorio en cuyo hipotálamo unos investigadores californianos habían insertado electrodos. Cada vez que se desconectaba la corriente, los animales experimentaban una satisfacción, ya correspondiente al impulso sexual, ya al instinto de alimentarse; finalmente acabaron por aprender a desconectarse ellos mismos la corriente, con lo que llegaron a hacer caso omiso de su auténtico compañero sexual y de la comida real.

III

EL «ÓRGANO DEL SENTIDO»

Ahora bien, *el sentido no sólo debe, sino que también puede ser encontrado,* y para encontrarlo el hombre es guiado por la conciencia. En una palabra, la conciencia es un «órgano del sentido». Podría definirse como la facultad de descubrir y localizar ese único sentido que se esconde detrás de cada situación.

La actuación de la conciencia, una vez que se ha encontrado ese único sentido de que hablamos, concluye en la captación de una «forma» (*Gestalt*), y ello en razón de lo que nosotros llamamos la voluntad de sentido, descrita a su vez por James C. Crumbaugh y Leonard T. Maholick como la facultad propiamente humana de descubrir formas de sentido no sólo en lo real, sino aun en lo posible[8].

Curiosamente, nada menos que Wertheimer, el creador de la experimental «psicología de la forma», es quien se atreve a hablar de las exigencias de la situación como cualidades objetivas, y Lewin alude asimismo a un carácter de reto o «carácter exigente» de la situación. En

---

8. J.C. Crumbaugh y L.T. Maholick, *The Case of Frankl's «Will to Meaning»* en «Journal of Existential Psychiatry» 4 (1963), p. 42.

cuanto a nosotros, a modo de *understatement* podemos describir dicho carácter con Rudolf Allers como «trans-subjetivo». Pero el sentido no se relaciona únicamente con una situación determinada, sino también con una persona determinada envuelta en esa situación. En otros términos, el sentido no sólo se transforma de día en día y de hora en hora, sino que varía también de hombre a hombre. Es un sentido tanto *ad situationem* como *ad personam*.

La conciencia puede también inducir al hombre a error. Más aún, hasta el último instante, hasta su último suspiro, el hombre no sabe si realmente ha realizado el sentido de su vida o si por el contrario ha sido víctima de un engaño: *ignoramus et ignorabimus*. El hecho de que ni siquiera a las puertas de la muerte sepamos si el órgano del sentido, nuestra conciencia, ha podido sufrir una «ilusión de sentido» significa en definitiva que uno ignora si no será tal vez la conciencia del otro la que ha podido tener razón. Esto no quiere decir que no exista una verdad. Sólo puede haber una verdad, pero nadie puede saber si es él mismo o es el otro quien la posee.

El sentido, hemos dicho, va ligado a una situación única y particular. Pero además existen unos universales del sentido ligados a la condición humana como tal. Estas posibilidades generales de sentido constituyen lo que llamamos «valores». El hombre experimenta cierto alivio a consecuencia de estos valores de orden más o menos general, los principios morales y éticos tal como cristalizan en el seno de la sociedad humana a lo largo de su historia; mas este alivio sólo lo consigue al precio de verse sumido en conflictos. De hecho son éstos única-mente conflictos de conciencia, pues tales conflictos no se dan en realidad: lo que la conciencia le dice a uno es inequívoco. El carácter conflictivo es más bien inherente a los valores mismos, ya que, contrariamente al sentido concreto de una situación, los valores son por definición universales abstractos. Como tales no pueden meramente aplicarse a personas determinadas y exclusivas en situaciones irrepetibles, sino que su vigencia se extiende a amplias áreas de situaciones típicas que se dan repetidamente; estas áreas se interfieren unas a otras. Así pues, existen situaciones en las que el hombre se ve confrontado con una pluralidad de valores entre los que tiene que elegir, es decir, ha de escoger entre principios que se contradicen unos a otros. Si dicha elección no ha de hacerse arbitrariamente, de nuevo hay que referirlo y remitirlo a la conciencia, única que hace que el hombre tome su decisión con libertad, pero no arbitrariamente sino responsablemente. Por supuesto, él sigue siendo libre ante su conciencia, pero esta libertad consiste sola y únicamente en elegir entre dos posibilidades: o seguir el dictamen de la conciencia, o hacer caso omiso de sus advertencias. Cuando la conciencia se reprime y ahora sistemática y metódicamente, acabamos entonces por ir a parar ya al conformismo occidental, ya al totalitarismo oriental, según que unos «valores» exageradamente generalizados sean respectivamente ofrecidos o impuestos a uno por la sociedad.

A pesar de todo esto, no es tan seguro que el mencionado carácter conflictivo sea inherente a los valores. En efecto, las posibles interferencias entre los campos de acción de los valores podrían sólo ser aparentes, por ejemplo si se llevan a cabo mediante una mera proyección, es decir, fuera de toda dimensión. Así, sólo una vez que excluimos la diferencia jerárquica de altura de dos valores, parece que éstos se entrecruzan y en el campo de este entrecruzamiento chocan entre sí, a la manera de dos esferas que, tras haber sido sacadas de su espacio tridimensional y proyectadas en un plano de dos dimensiones, parecen interpenetrarse mutuamente.

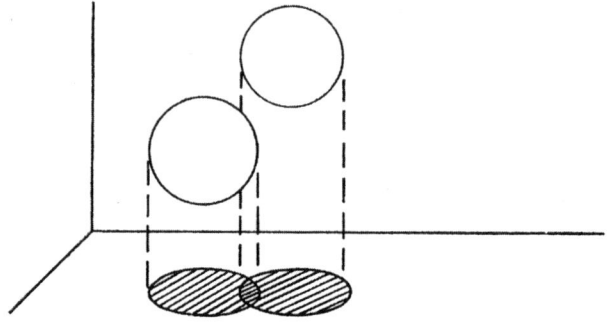

Fig. 2

De VICTOR E. FRANKL, *The Will to Meaning,* Nueva York 1970, p. 57

Vivimos en una época caracterizada por un sentimiento de falta de sentido. En esta nuestra época la educación ha de poner el máximo empeño no sólo en proporcionar ciencia, sino también en afinar la conciencia, de modo que el hombre sea lo bastante perspicaz para interpretar la exigencia inherente a cada una de sus situaciones particulares. En una era en que los diez mandamientos parecen estar perdiendo su validez para muchos, debe el hombre ponerse en condiciones de percibir los 10.000 mandamientos que se desprenden de las 10.000 situaciones con las que se ve confrontado en su vida. No solamente le parecerá así que su vida vuelve a tener sentido, sino que él mismo estará inmunizado contra todo conformismo y totalitarismo;

porque sólo una conciencia despierta y vigilante puede hacerle «resistente», de tal modo que ni se abandone al conformismo ni se doblegue al totalitarismo.

Así pues, hoy más que nunca la educación es educación a la responsabilidad. Vivimos en una sociedad de abundancia, pero esta abundancia no lo es sólo de bienes materiales, es también una abundancia de información, una explosión informativa. Cada vez se amontonan más libros y revistas sobre nuestras mesas de trabajo. Nos acosan estímulos e incentivos de todas clases, y no sólo sexuales. Si el hombre en medio de todo este torbellino de estímulos quiere sobrevivir y resistir a los medios de comunicación de masas, debe saber qué es o no lo importante, qué es o no lo fundamental; en una palabra, qué es lo que tiene sentido y qué es lo que no lo tiene.

IV

LA AUTOCOMPRENSIÓN ONTOLÓGICA PRERREFLEXIVA DEL HOMBRE

Cuanto más extenso y amplio es un sentido, más difícil es de comprender. El sentido infinito es del todo inabarcable para un ser finito. Aquí la ciencia se da por vencida y cede la palabra a la sabiduría, la sabiduría del corazón en particular, de la que una vez dijo Blaise Pascal: «Le coeur a ses raisons que la raison ne connaît point». Así también el salmista habla de una *sapientia cordis* (Sal 89).

De modo análogo podemos nosotros hablar de una autocomprensión ontológica prerreflexiva del hombre. Sólo un claro y metódico análisis fenomenológico de la manera en que el hombre sencillo, el «hombre de la calle», se entiende a sí mismo nos llevaría a la conclusión de que ser hombre significa hallarse permanentemente confrontado con situaciones de las que cada una es al mismo tiempo don y tarea. La tarea de una situación consiste en realizar su sentido. Y lo que al mismo tiempo nos da es la posibilidad, mediante el desempeño de dicha tarea, de realizarnos a nosotros mismos. Cada situación es un llamamiento que debemos escuchar y al que debemos obedecer.

Un análisis fenomenológico de la experiencia inmediata y genuina del hombre sencillo, de la calle, tal como la recibimos directamente de éste y sin que haya que hacer otra cosa que traducirla a la terminología científica, nos revelaría efectivamente que el hombre no sólo —en virtud de su voluntad de sentido— busca un sentido, sino que también lo encuentra, y ello de tres maneras. Primero de todo ve un sentido en el hecho de hacer o crear algo. Además de esto, ve igualmente sentido en experimentar o vivir algo, en amar a alguien; pero también en una situación desesperada ante la que se encuentra indefenso ve en determinadas circunstancias un sentido. Lo que importa es la actitud y postura con que se enfrenta a un destino irremediable e inmutable. Esta actitud le permite dejar constancia de algo de lo que sólo el hombre es capaz: transformar el dolor o el sufrimiento en un logro positivo. Quisiera ilustrar esto con el pasaje siguiente de una carta que me escribió un estudiante de medicina desde los Estados Unidos: «Por todas partes estoy aquí, en América, rodeado de jóvenes de mi edad, pero también de personas más maduras que buscan desesperadamente un sentido de su existencia. Uno de mis mejores amigos murió hace poco, precisamente por no haber podido encontrar tal sentido. Hoy sé que hubiera podido muy bien ayudarle gracias a la logoterapia, si aún estuviera él en vida. Pero ya no lo está. Su muerte, sin embargo, me servirá siempre en adelante para ayudar a todo el que esté angustiado. Para esto creo que no puede haber un motivo más profundo. Pese a mi dolor por la muerte de mi amigo, a pesar también de mi complicidad en esta muerte, su existencia —¡y su «ya no ser»!— no deja de estar en sumo grado llena de sentido. Si alguna vez tengo la fuerza suficiente para trabajar como médico, y en mi calidad de tal hacer frente a mi responsabilidad, su muerte no habrá sido en vano. Más que toda otra cosa en el mundo trataré de impedir esto: que semejante tragedia vuelva a repetirse, que vuelva a suceder a otro».

No hay ninguna situación en la vida que realmente carezca de sentido[9]. Esto significa que los aspectos aparentemente negativos de la existencia humana, y en especial esa tríada trágica en la que se incluyen dolor, culpa y muerte, pueden también llegar a transformarse en algo positivo cuando se afrontan con la postura y actitud correctas. Todo esto lo sabe el hombre de la calle, aun cuando no sea capaz de traducirlo en palabras. Este hombre de la calle, decimos, sabe por el conocimiento primordial que tiene de sí mismo que su persona no es escenario de una guerra que libran entre sí el yo, el ello y el superyo; al contrario, para él la vida es una cadena de situaciones en que él mismo se ve envuelto y que tiene que ir tratando de dominar, de un modo o de otro según los casos, situaciones con un determinado sentido que

---

9. Como lo describe Thomas D. Yarnell, se ha podido verificar por medio del llamado «Purpose in Life Test» que ni 40 miembros de la Luftwaffe ni 40 esquizofrénicos internados dieron pruebas de que existiera la más mínima correlación entre la impresión de haber encontrado un sentido y su edad o IQ (cociente intelectual). Esto se conforma con la observación de Crumbaugh, según la cual el «Purpose in Life Test» tampoco está en correlación con el grado de cultura del sujeto. Todas las apariencias parecen indicar que el hombre puede encontrar un sentido en la vida independientemente de cosas tales como edad, IQ y nivel de instrucción, concluye Yarnell (*Purpose in Life Test: Further Correlates,* «Journal of Individual Psychology» 27, 76, 1972). A análogos resultados condujo el trabajo de Augustine Meier, igualmente basado en tests (*Frankl's «Will to Meaning» as Measured by the Purpose in Life Test in Relation to Age and Sex Differences,* Dissertation, University of Ottawa, 1973), y no solamente respecto al grado de instrucción, sino también respecto del sexo masculino o femenino y de la confesión de fe o de incredulidad. Meier considera estos resultados «compatible with Frankl's theory which states that all people are capable of finding meaningful goals around with which to orientate their lives».

le reclama y concierne a él solo. Y esa comprensión primordial de sí mismo le dice que ha de procurar por todos los medios a su alcance ir en busca de ese sentido y encontrarlo. La fenomenología no hace sino traducir dicha autocomprensión a la lengua científica; no emite juicios apreciativos sobre los hechos, cualesquiera que sean, sino que se limita a hacer constar estos hechos sobre las vivencias del hombre de la calle. La logoterapia a su vez retraduce este conocimiento elaborado por la fenomenología sobre las posibilidades de encontrar un sentido a la vida, volviéndolo a expresar en el lenguaje del hombre sencillo, para precisamente ponerle en condiciones de encontrar por sí mismo ese sentido de su vida.

Esto es perfectamente posible. A tal propósito quisiera citar el caso de una enfermera que me fue sometido con ocasión de un seminario que tuve que dirigir para el Departamento de Psiquiatría de la universidad de Stanford. Dicha paciente sufría de un cáncer inoperable, y lo sabía. Envuelta en lágrimas penetró en la habitación en que se hallaban reunidos los psiquiatras de Stanford y, con la voz ahogada en sollozos, les habló de su vida, de las cualidades y éxitos de sus hijos, y de lo duro y difícil que era ahora para ella tener que despedirse de todo. Hasta ese momento, he de confesarlo, no había yo aún encontrado un punto de apoyo a partir del cual me hubiera sido posible introducir en la discusión algún pensamiento logoterapéutico. Pero en seguida cambió la situación ante la posibilidad de poder transformar aquello que aparecía como lo más negativo a los ojos de la enferma, el tener que abandonar lo más precioso para ella en el mundo, en algo positivo, lleno de sentido. Sólo tuve que preguntarle qué diría en su caso una mujer que no tuviera hijos; yo estaba persuadido que incluso la vida de una mujer sin hijos no era ni mucho menos carente de sentido, le dije, pero podía muy bien imaginarme que tal mujer en su mismo caso llegara a desesperarse precisamente por no tener nada ni a nadie «que dejar atrás en el mundo». En aquel momento se iluminaron los rasgos de la enferma. Repentinamente cayó en la cuenta de que lo más importante no era tener que abandonar la vida, cosa que a todos nos llega antes o después. Lo que verdaderamente importa es que exista algo que podamos abandonar, algo que podamos dejar tras nosotros en el mundo, que constituya la realización de nuestro sentido y de nosotros mismos antes que llegue ese día en que nuestro tiempo se habrá consumido. Apenas podemos describir el alivio experimentado por nuestra paciente a partir del instante en que nuestro diálogo socrático hubo tomado este giro copernicano.

Quisiera ahora comparar el estilo logoterapéutico de una intervención con el estilo psicoanalítico, como se desprende de un trabajo de Edith Weisskopf-Joelson (adepta norteamericana del psicoanálisis, convertida hoy a la logoterapia): «El efecto desmoralizador de la negación de un sentido de la vida, sobre todo del sentido profundo potencialmente inherente al sufrimiento, puede muy bien ilustrarse con la psicoterapia aplicada por cierto freudiano a una mujer aquejada de un cáncer incurable». A continuación Weisskopf-Joelson cede la palabra a K. Eissler: «(La enferma) comparó la plenitud de sentido de su vida anterior con la falta de sentido de su situación presente; pero incluso ahora, cuando no podía ya seguir trabajando y debía permanecer en su lecho durante varias horas cada día, encontraba todavía sentido a su vida, me decía, puesto que su existencia seguía siendo importante para sus hijos, y así aún le parecía tener una misión que cumplir. Mas una vez que hubo de ser trasladada al hospital sin esperanza de volver a su casa e incapaz ya de abandonar el lecho, quedó prácticamente convertida en un conglomerado de carne inútil y fétida, perdiendo su vida todo sentido. Todavía se hallaba dispuesta a soportar todos sus sufrimientos, si hubiera podido encontrar en ellos algún sentido; pero ¿por qué había yo de condenarla a soportar con paciencia sus dolores en un momento en que la vida había ya dejado hacía mucho tiempo de tener sentido para ella? Le respondí, pues, que en mi opinión estaba en un gran error, porque en realidad su vida *entera* carecía de sentido, y *nunca* lo había tenido, aun *antes* de que se pusiera enferma. Encontrar un sentido a la vida, le dije, es cosa que los filósofos han intentado siempre en vano, de suerte que la única diferencia que existía entre su vida anterior y su estado presente consistía sólo en que durante su fase anterior ella podía aún creer en un sentido, mientras que ahora le era imposible hacerlo. De hecho, insistí, *ambas* fases de su vida carecían total y absolutamente de sentido. A estas palabras mías la paciente reaccionó dando muestras de desconcierto, al no ser capaz de entenderme, y rompió a llorar»[10].

Eissler no sólo no dio a su paciente la fe para creer que aún su sufrimiento podía todavía tener un sentido, sino que incluso le quitó la fe en que su vida entera pudiese haber tenido el más mínimo sentido. Preguntémonos ahora no cómo trataría un psicoanalista, sino un terapeuta del comportamiento, un behaviorista, cosas humanamente tan trágicas como la que acabamos de describir, ya se trate de la propia muerte o de la muerte de otra

---

10. K. Eissler, *The Psychiatrist and the Dying Patient*, Nueva York 1955, p. 190 ss.

persona. Uno de los representantes más característicos de la teoría de la «modificación del comportamiento» (*Verhaltensmodifikation*) nos dice que en tales casos «el paciente debiera hacerse cargo de las llamadas telefónicas, cortar la hierba del césped o lavar la vajilla, y estas actividades han de ser alabadas o retribuidas de alguna otra manera por el terapeuta»[11].

Cuando en el sufrimiento debidamente llevado consigo todavía hacer visible una última posibilidad, por cierto la posibilidad suprema, de encontrar sentido, estoy prestando no un primero, sino un último socorro. Una cinta magnetofónica, de la que ofrecemos a continuación un fragmento, reproduce la conversación sostenida entre una de mis pacientes y yo, habiéndose grabado durante una de mis lecciones clínicas. Yo hablaba con la enferma en presencia de mis oyentes, estudiantes de medicina, filosofía y teología. Huelga añadir que del principio al final dicha conversación fue espontánea e improvisada. La paciente tenía 80 años de edad y sufría de un cáncer que no podía ya ser operado.

Frankl: «Bueno, querida señora Kotek, ¿qué opina usted de su larga vida ahora, cuando mira hacia atrás?, ¿fue agradable?».

Paciente: «Ah, señor profesor, de veras tengo que decir que ha sido una vida buena. ¡Qué bonita ha sido la vida! ¡Y cuánto tengo que agradecer a Dios por todo lo que me ha dado! He ido al teatro, he oído conciertos, y ¿sabe usted? la familia en cuya casa he servido aquí en Praga durante tantas decenas de años me llevaba a menudo con ellos a los conciertos. Y por todas estas cosas tan bellas tengo que dar gracias a Dios».

---

11. J. WOLPE en «American Journal of Psychotherapy» 25 (1971), p. 362.

Pero yo deseaba hacer aflorar a su conciencia su desesperación inconsciente y reprimida. Tenía la enferma que luchar con ella como Jacob luchó con el ángel hasta que éste acabó bendiciéndolo. Deseaba yo llevarla hasta el extremo de que ella misma bendijera su propia vida, de que pudiera llegar a decir «sí» a su destino, que ya no podía cambiar. Quería llevarla, aun cuando esto pueda parecer paradójico, a que primero dudase del sentido de su vida en un plano consciente, y no, como hasta ahora lo había hecho, con una duda reprimida.

Frankl: «Habla usted de sus experiencias tan hermosas, señora Kotek. Pero ¿no se le acaba ahora todo?».

Paciente (pensativa): «Sí, ahora todo se acaba».

Frankl: ¿Cómo es eso, señora Kotek? ¿Acaso cree usted que con esto todas esas cosas maravillosas que usted ha vivido desaparecen ahora por completo?, ¿que ya no valen nada, que se acabaron del todo?

Paciente (aún sumida en sus pensamientos): «Estas cosas maravillosas que he vivido…».

Frankl: «Dígame, señora Kotek, ¿puede alguien quitarle a usted ahora esa felicidad que experimentó en su vida?, ¿puede alguien borrar todo eso?».

Paciente: «Tiene usted razón, señor profesor, nadie puede deshacer lo hecho».

Frankl: «¿Puede alguien borrar esa bondad que usted ha encontrado en su vida?».

Paciente: «No, eso nadie lo puede tampoco».

Frankl: «¿Puede alguien borrar todo lo que usted ha logrado y conseguido con su esfuerzo?».

Paciente: «Tiene razón señor profesor, nadie puede destruir eso».

Frankl: «¿O acaso puede alguien anular lo que usted ha sabido soportar con arrojo y valentía? ¿Puede alguien quitárselo de su pasado?, ¿de ese pasado en el que ha conservado y cosechado usted todo esto?, ¿en el que usted lo ha atesorado y amontonado?».

Paciente (llorando ahora de emoción): «Nadie puede hacerlo, ¡nadie!» (después de una pausa): «Cierto que también he sufrido mucho. Pero he procurado encajar los golpes que me daba la vida. ¿Comprende usted, señor profesor? Yo creo que el sufrimiento es un castigo. Porque creo en Dios».

Por mí mismo, nunca hubiera tenido el derecho de hablar del sentido a la luz de un sentido religioso y dejarlo luego a juicio de la enferma; pero a partir del momento en que afloró espontáneamente la positiva actitud religiosa de la paciente, nada se oponía ya a que este hecho fuese incluido en la psicoterapia.

Frankl: «Pero dígame, señora Kotek: ¿No puede también el sufrimiento ser una prueba?, ¿no puede ser que Dios haya querido ver cómo la señora Kotek es capaz de soportarlo? Y al final tal vez se haya dicho: sí, hay que reconocer que lo ha llevado valientemente. Y ahora dígame de verdad: ¿Cree usted que alguien puede quitarle ahora todas esas victorias que ha ganado?».

Paciente: «No, nadie lo puede».

Frankl: «Luego eso queda, ¿no es así?».

Paciente: «¡Claro que queda!».

Frankl: «Mire, señora Kotek, no sólo ha logrado usted toda clase de cosas en su vida, sino que también ha sacado el mayor provecho posible de su sufrimiento. Y en esto es usted un ejemplo para nuestros pacientes. ¡Felicito a sus compañeros de enfermedad por poderla tomar a usted como ejemplo!».

En este instante sucedió algo que nunca había ocurrido antes en mis clases: ¡Los 150 oyentes rompieron en un aplauso espontáneo! Me volví entonces de nuevo a la anciana y le dije: «¿Ve, señora Kotek? Esos aplausos son para usted, para su vida, que ha sido un gran triunfo como no hay otro. Puede usted sentirse orgullosa de esa vida. ¡Y qué pocas son las personas que pueden estar orgullosas de su vida! Quisiera decirle esto, señora Kotek: su vida es un monumento, ¡un monumento que ningún hombre en el mundo puede destruir!».

Lentamente la anciana salió del aula. Una semana más tarde fallecía. Murió como Job, repleta de años. Pero durante la última semana su vida no estuvo ya deprimida. Por el contrario, se mostraba orgullosa y llena de fe. Al parecer conseguí ver que también su vida tenía sentido y que hasta su sufrimiento tenía un sentido profundo. Antes de esto la anciana, como ya hemos dicho, se hallaba angustiada por la preocupación de no haber llevado sino una vida inútil. Ahora bien, sus últimas palabras, tal como quedaron registradas en su historial clínico, fueron las siguientes: «Mi vida es un monumento, ha dicho el profesor a los estudiantes de la clase. Así que mi vida no ha sido inútil...».

SELECCIÓN BIBLIOGRÁFICA
SOBRE LOGOTERAPIA

Libros

BAZZI, TULLIO y FIZZOTTI, EUGENIO, *Guía de la logoterapia*, Herder, Barcelona 1989.

BULKA, REUVEN P., *The Quest for Ultimate Meaning. Principles and Applications of Logotherapy*, Philosophical Library, Nueva York 1979.

DIENELT, KARL, *Von der Psychoanalyse zur Logotherapie*, Ernst Reinhardt, Múnich 1973.

FABRY, JOSEPH B., *La búsqueda de significado. La logoterapia aplicada a la vida*, Prólogo de Viktor E. Frankl, Ediciones LAG, México 2008.

FABRY, JOSEPH B., and SAHAKIAN, WILLIAM S., *Logotherapy in Action*, Aronson, Nueva York 1977.

FIZZOTTI, EUGENIO, *De Freud a Frankl. Interrogantes sobre el vacío existencial*, Ediciones Universidad de Navarra, Pamplona, 1981.

FRANKL, VIKTOR E., *Psicoanálisis y existencialismo*, Fondo de Cultura Económica, México-Buenos Aires, 2010.

—, *Um psychologo no campo de concentraçao*, Editorial Áster, Lisboa.

—, *A psicoterapia na pratica*, Editora Pedagogica e Universitaria, São Paulo 1976.

—, *La presencia ignorada de Dios. Psicoterapia y religión*, Herder, Barcelona ⁹1994.

—, *O homem incondicionado*, Armenio Amado, Coimbra 1968.

—, *Teoría y terapia de las neurosis (Iniciación a la logoterapia y al análisis existencial)*, Herder, Barcelona 2008.

—, *La idea psicológica del hombre*, Ediciones Rialp, Madrid 1999.

—, *Fundamentos antropológicos de psicoterapia*, Zahar Editores, Río de Janeiro 1978.

—, *Hombre en busca de sentido*, Herder, Barcelona ²2004.

—, *Ante el vacío existencial. Hacia una humanización de la psicoterapia*, Herder, Barcelona ⁷1994.

—, *Trotzdem Ja zum Leben sagen. Ein Psychologe erlebt das Konzentrationslager*, Kösel-Verlag, München ⁹2009.

—, *La voluntad de sentido. Conferencias escogidas sobre logoterapia*, Herder, Barcelona 2008.

—, *Der leidende Mensch. Anthropologische Grundlagen der Psychotherapie*, Hans Huber, Bern ³2005.

—, *La psicoterapia al alcance de todos*, Herder, Barcelona ⁶2007.

—, *El hombre doliente. Fundamentos antropológicos de la psicoterapia*, Herder, Barcelona 2003.

—, *Logoterapia y análisis existencial (Textos de cinco décadas)*, Herder, Barcelona 2003.

—, *Psychotherapy and Existentialism. Selected Papers on Logotherapy*, Simon and Schuster, New York, y Souvenir Press, London 1967-1985.

—, *The Will to Meaning: Foundations and Applications of Logotherapy*, New York, New American Library, (Paperback Reissue/Expanded edition, 1989)

—, *The Unheard Cry for Meaning. Psychotherapy and Humanism*, Simon and Schuster, New York, y Hodder and Stoughton, London 1978-1988.

LESLIE, ROBERT C., *Jesus and Logotherapy. The Ministry of Jesus as Interpreted Through the Psychotherapy of Viktor Frankl*, New York and Nashville, Abdington Press 1968. Reimpresión Festival Book Edition con nuevo título: *Jesus As Counselor*, Abingdon Press 1982.

TAKASHIMA, HIROSHI, *Psychosomatic Medicine and Logotherapy*, Gabor Science Publications, Oceanside, Nueva York 1977.

TWEEDIE, DONALD F., *Logotherapy and the Christian Faith*, Baker Book House, Grand Rapids, Michigan 1972.

Capítulos de libros

ASCHER, L. MICHAEL., «Paradoxical Intention. An Experimental Investigation» en: *Handbook of Behavioral Interventions*, John Wiley, New York 1980.

BAZZI, TULLIO, «Consideraciones acerca de las limitaciones y las contraindicaciones de la logoterapia», en *IV Congreso Internacional de Psicoterapia*, Editorial Scientia, Barcelona 1958.

DIENELT, KARL, «El análisis existencial de V. E. Frankl como explicación de la existencialidad personal», en *Antropología pedagógica*, Aguilar, Madrid 1979.

FRANKL, VIKTOR E., «Análisis existencial y logoterapia», en *IV Congreso Internacional de Psicoterapia*, Editorial Scientia, Barcelona 1958.

—, «Logoterapia y religión», en *Psicoterapia y experiencia religiosa*, Ediciones Sígueme, Salamanca 1967.

—, «Reductionism and Nihilism», en *Beyond Reductionism*, Arthur Koestler (ed.), Macmillan, Nueva York 1970.

—, «Die Sinnfrage in der Psychotherapie», en *Suche nach Sinn*, Styria, Graz (Austria) 1978.

—, «Der Mensch vor der Frage nach dem Sinn. Empirische und klinische Befunde», en *Glaube und Wissen*, Herder, Viena 1980.

KEPPE, NORBERTO R., «Logoterapia», en *A medicina da alma*, Hemus, São Paulo 1967.

MIRA Y LÓPEZ, EMILIO, «La psicoterapia existencial de Frankl», en *Psiquiatría*, Librería El Ateneo, Buenos Aires 1955.

—, «La logoterapia de V. Frankl», en *Doctrinas psicoanalíticas*, Editorial Kapelusz, Buenos Aires 1963.

Artículos periodísticos

ASCHER, L. MICHAEL, *Employing Paradoxical Intention in the Behavioral Treatment*, «Scandinavian Journal of Behavior Therapy», 6 (1977) 28.

—, and JAY, S. EFRAN, *Use of Paradoxical Intention in a Behavior Program for Sleep Onset Insomnia*, «Journal of Consulting and Clinical Psychology», 46 (1978), 547-550.

—, and RALPH, M. TURNER, *Paradoxical intention and insomma: an experimental investigation*, «Behav. Res. & Therapy»17.

BROGGI i GUERRA, FRANCESC: *El concepte de naturalesa humana segons l'anàlisi existencial de Frankl*, en «Annals de Medicina» 65 (Barcelona 1979) 641.

—, *El análisis existencial y la logoterapia de Frankl (La tercera escuela vienesa de Psicología)*, «El Correo Catalán», 14 y 21 de octubre de 1979.

FABRY, JOSEPH B., *Aspects and Prospects of Logotherapy: A Dialogue with Victor Frankl*, «The International Forum for Logotherapy», 1 (1978) 3.

FRANKL, VIKTOR E., *Dimensiones del existir humano*, «Diálogo», 1 (1954) 53.

—, *Logos y existencia en psicoterapia*, «Revista de psiquiatría y psicología médica de Europa y América Latina», 2 (1955) 153.

—, *Análisis existencial y logoterapia*, «Revista de psiquiatría y psicología médica de Europa y América Latina», 4 (1959) 42.

—, *Reintegración de la psicoterapia a la medicina*, «Panorama médico», enero de 1963, 6.

—, *Problemas de actualidad en psicoterapia*, «Psicología Industrial», 5 (1965) 13.

—, *Labirintos do pensamento psicoterapêutico*, «Humboldt. Revista para o mundo luso-brasileiro», 6 (1966) 81.

—, *Dar un sentido a la vida*, «La actualidad española», 21 de noviembre de 1968.

—, *A logoterapia e o seu emprego clínico*, «Servicio bibliográfico Roche», 38 (1970) 29.

—, *La logoterapia y su uso clínico*, «Servicio bibliográfico Roche», 38 (1970) 53.

—, *O vazio existencial*, «Servicio bibliográfico Roche», 41 (1973) 9 y 13,

—, *El sentimiento de la falta de sentido: un desafío a la psico-terapia*, «Sociedad Argentina Asesora en Salud Mental» (1974) 22.

—, *Psiquiatría y voluntad de significado*, «Istmo (Revista Cultural)», Número 82 (septiembre-octubre 1972), 5.

—, *Neurosis y sentido de la vida*, «Istmo (Revista del Pensamiento Actual)», Número 107 (noviembre-diciembre 1976), 5.

—, *Determinismo y humanismo*, «Psychologica (Revista Argentina de Psicología Realista)», n.º 2 (enero-junio 1979), 25-35.

IDOATE, FLORENTINO, *El análisis existencial de Viktor E. Frankl*, «Revista de Filosofía de la Universidad de Costa Rica», 2 (1960) 363.

KEPPE, NORBERTO R., *Analise existencial - Logoterapia*, «Arquivos» (Universidad de São Paulo), 1, 23.

MESEGUER, PEDRO, *El análisis existencial y la logoterapia de Viktor Frankl*, «Razón y Fe» (1952) 582.

MUSSO, VANNI, *Terceira Escola Vienense*, «Folha de Tarde», 1.º de marzo de 1974, 4.

PAVIA, MARÍA TERESA, *La amistad (Comparación entre Aristóteles y Frankl)*, «Istmo (Revista del Pensamiento Actual)», Número 107 (noviembre-diciembre 1976), 58.

PELEGRINA, HECTOR E., *Viktor Frankl en la Universidad de Navarra*, «Revista: LOGO: teoría, terapia, actitud», Buenos Aires, Año XV, 28 (1999) 17.

POPIELSKI, KAZIMIERZ, *Karol Wojtyla and Logotherapy*, «The International Forum for Logotherapy» 1 (1980) 36.

SARDI, RICARDO JOAQUÍN, *Viktor Frankl. Una vida dedicada a la búsqueda de un sentido*, «Mendoza» (19 de marzo de 1980) 6.

SOLYOM, L., GARZA-PEREZ, J., LEDWIDGE, B.L. Y SOLYOM, C., *Paradoxical Intention in the Treatment of Obsessive Thoughts: A Pilot Study*, «Comprehensive Psychiatry», 13 (1972) 291.

Películas y cintas magnetofónicas

FRANKL, VIKTOR E., *Logotherapy*, una película producida por University of Oklahoma Medical School, Department of Psychiatry, Neurology and Behavioral Sciences.

—, *Frankl and the Search for Meaning*, una película producida por Psychological Films, 110 North Wheeler Street, Orange, California 92669.

—, *Youth in Search of Meaning*, cinta magnetofónica producida por Word Cassette Library, 4800 West Waco Drive, Waco, Texas 76703.

—, *Youth in Search of Meaning*, a videotape produced by the Youth Corps and Metro Cable Television. Contact: Youth Corps, 56 Bond Street, Toronto, Ontario M5B 1X2, Canada.

—, *Youth in Search of Meaning*, an audiotape produced by the Youth Corps, 56 Bond Street, Toronto, Ontario M5B 1X2, Canada. Available on reel-to-reel or cassette. $7.50.

—, *Therapy through Meaning*, cinta magnetofónica producida por Psychotherapy Tape Library, (T 656), Post Gradduate Center, 124 East 28th Street, Nueva York, N.Y. 10016. $15.00.

—, *Existential Psychotherapy*, dos cassettes. The Center for Cassette studies, 8110 Webb Avenue, North Hollywood, California 91605.

—, *The Defiant Power of the Human Spirit: A Message of Meaning in a Chaotic World*. $ 6.00. The Institute of Logotherapy, One Lawson Road, Berkeley, California 94707.

—, JOSEPH FABRY, MARY ANN FINCH and ROBERT C. LESLIE, *A Conversation with Viktor E. Frankl on Occasion of the Inauguration of the «Frankl Library and Memorabilia»*. The Graduate Theological Union, 1798 Scenic Avenue, Berkeley, California 94709.

ÍNDICE DE AUTORES

ÍNDICE ANALÍTICO

125